DETALLES Y DISEÑOS

LIBRO DE COLOREAR ADULTOS DISEÑOS EDICIÓN

Coloring Bandit

Publicado por Speedy Publishing Canada Limited

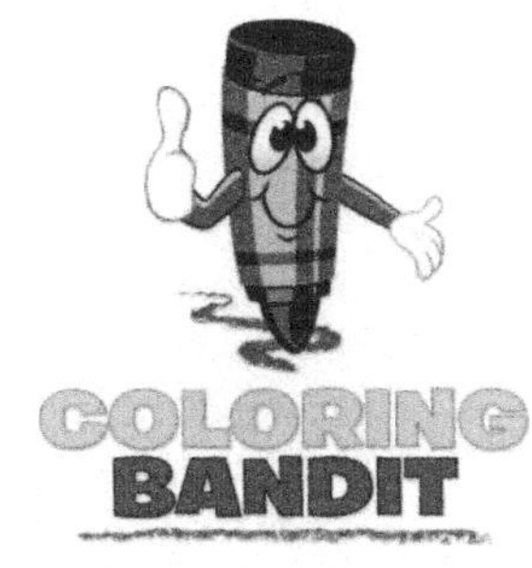

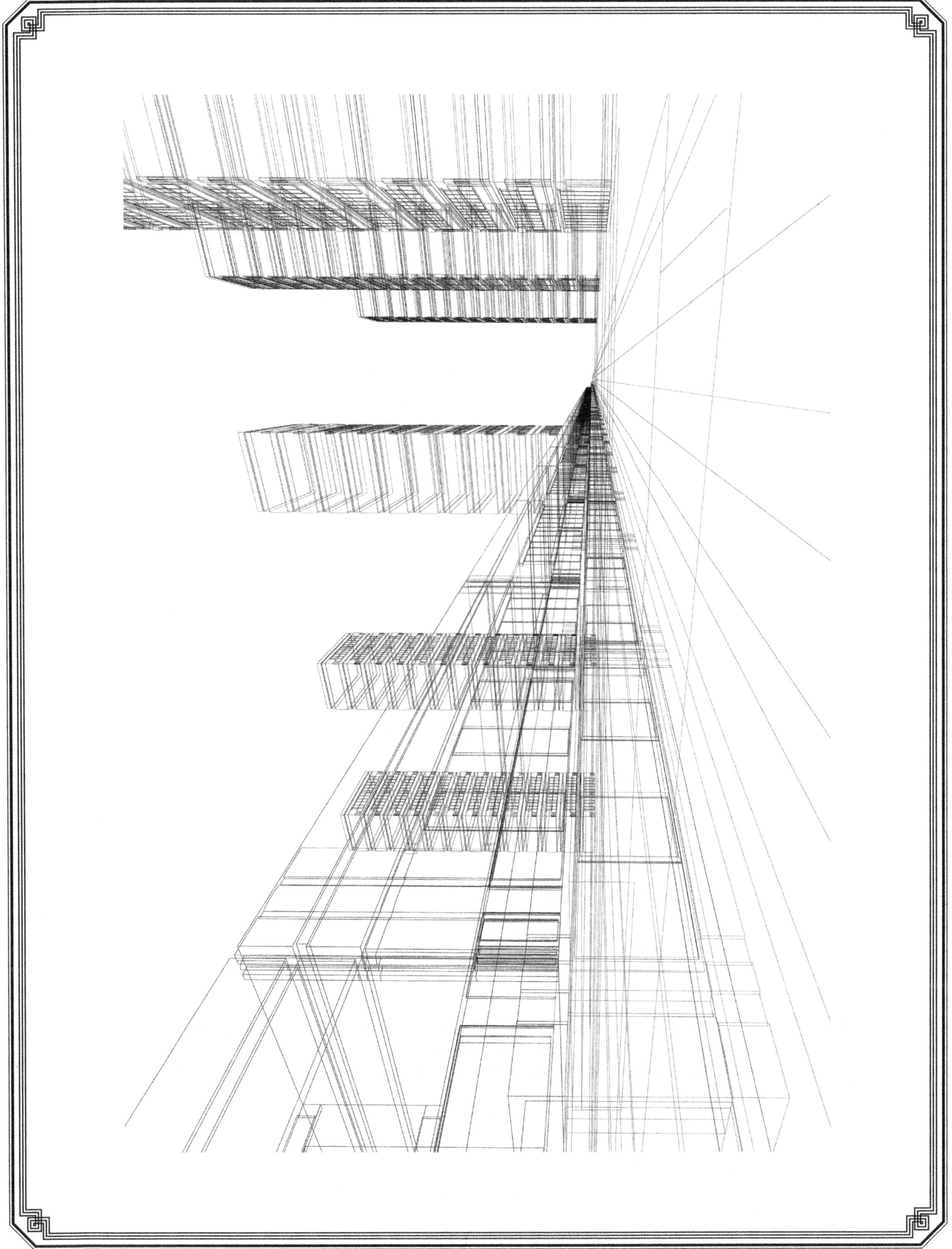

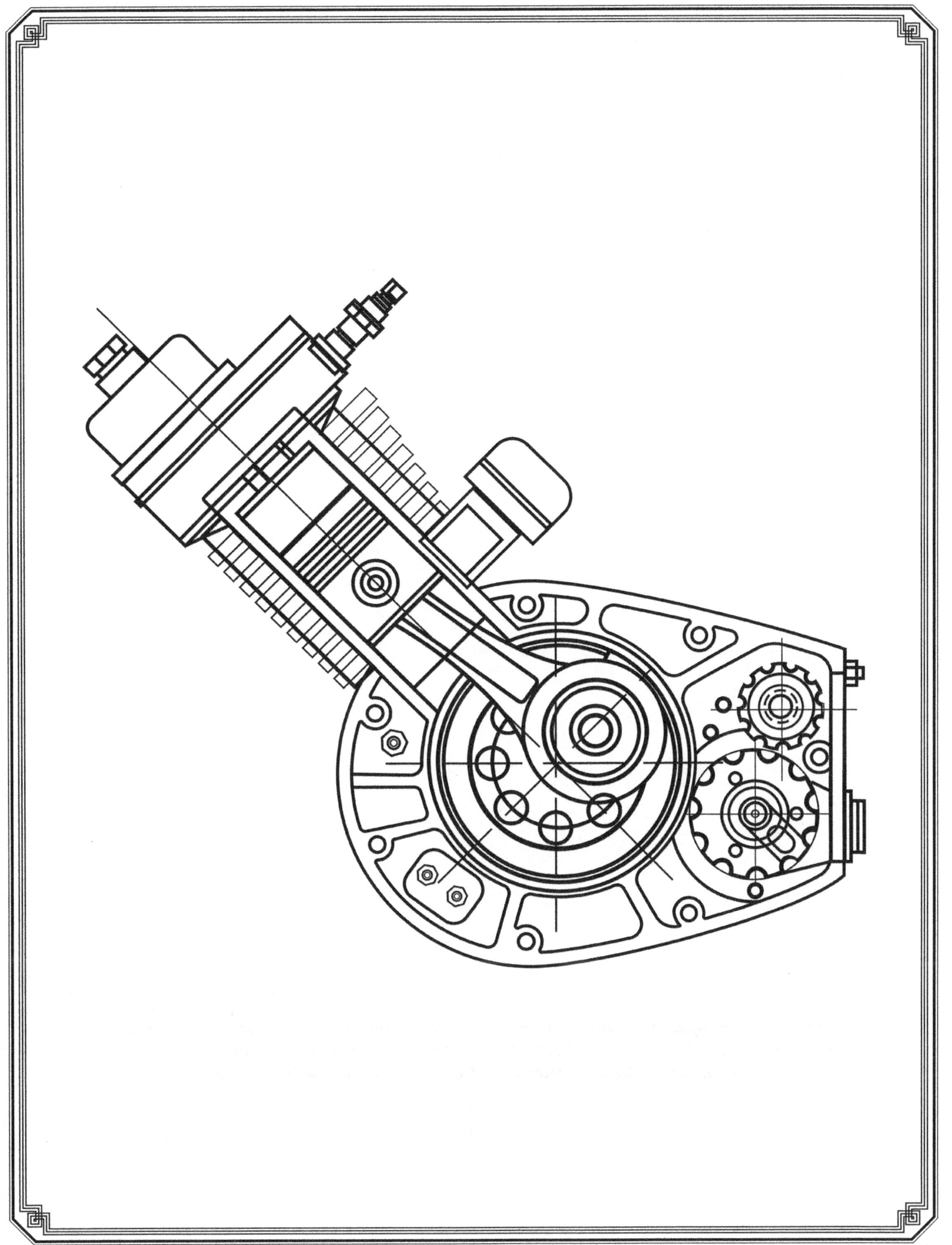

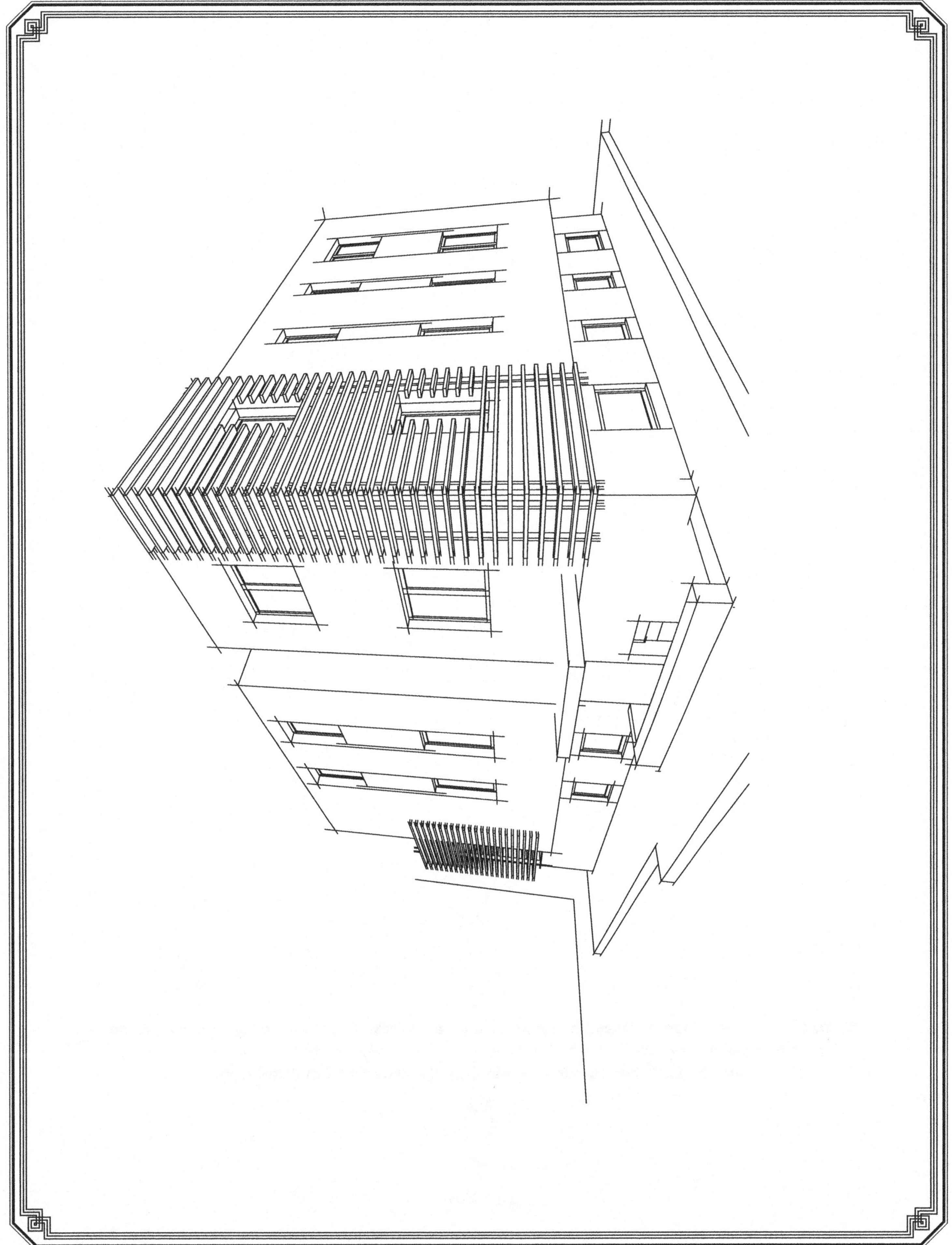

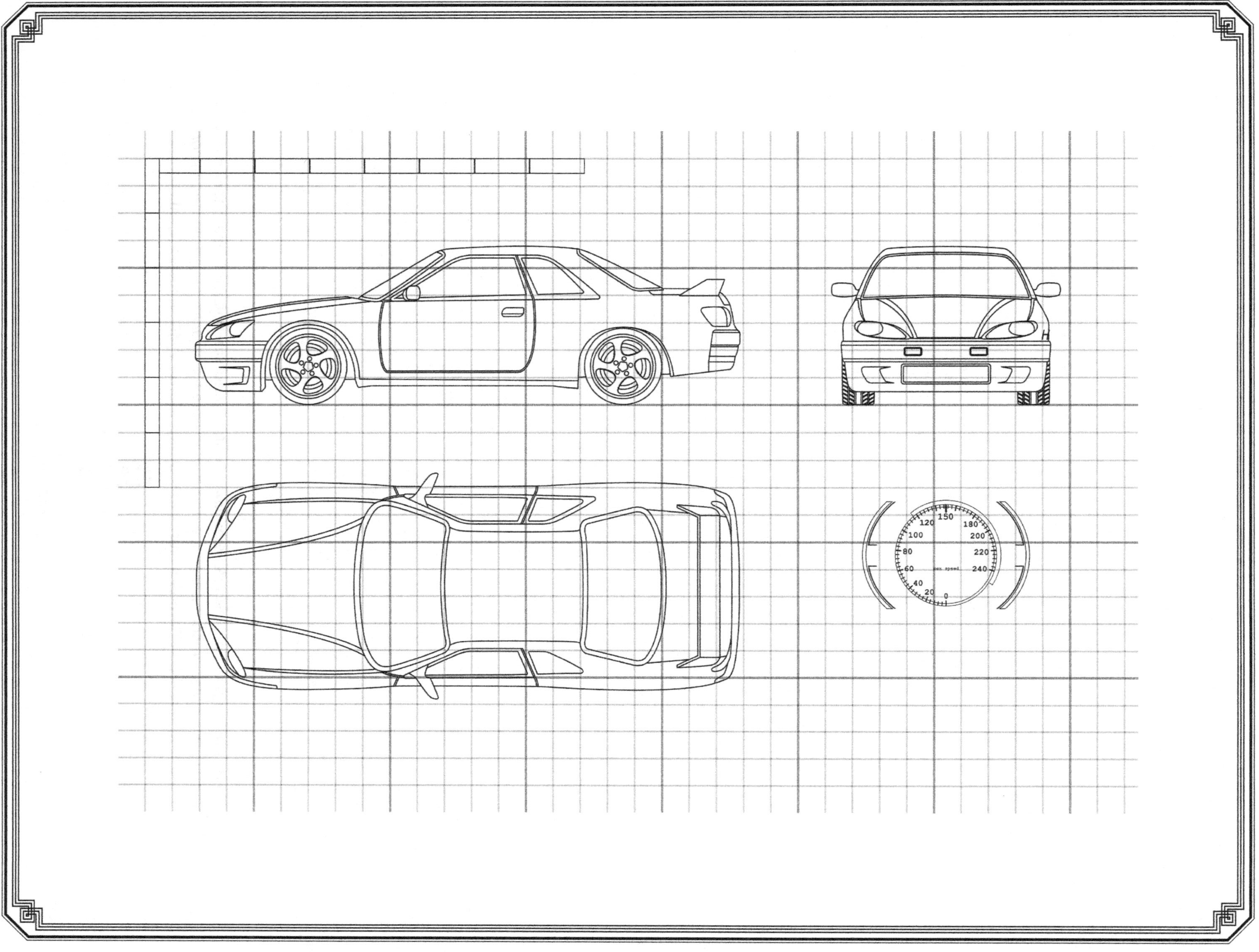

0
20
40
60
80
100
120
150
180
200
220
240
max. speed

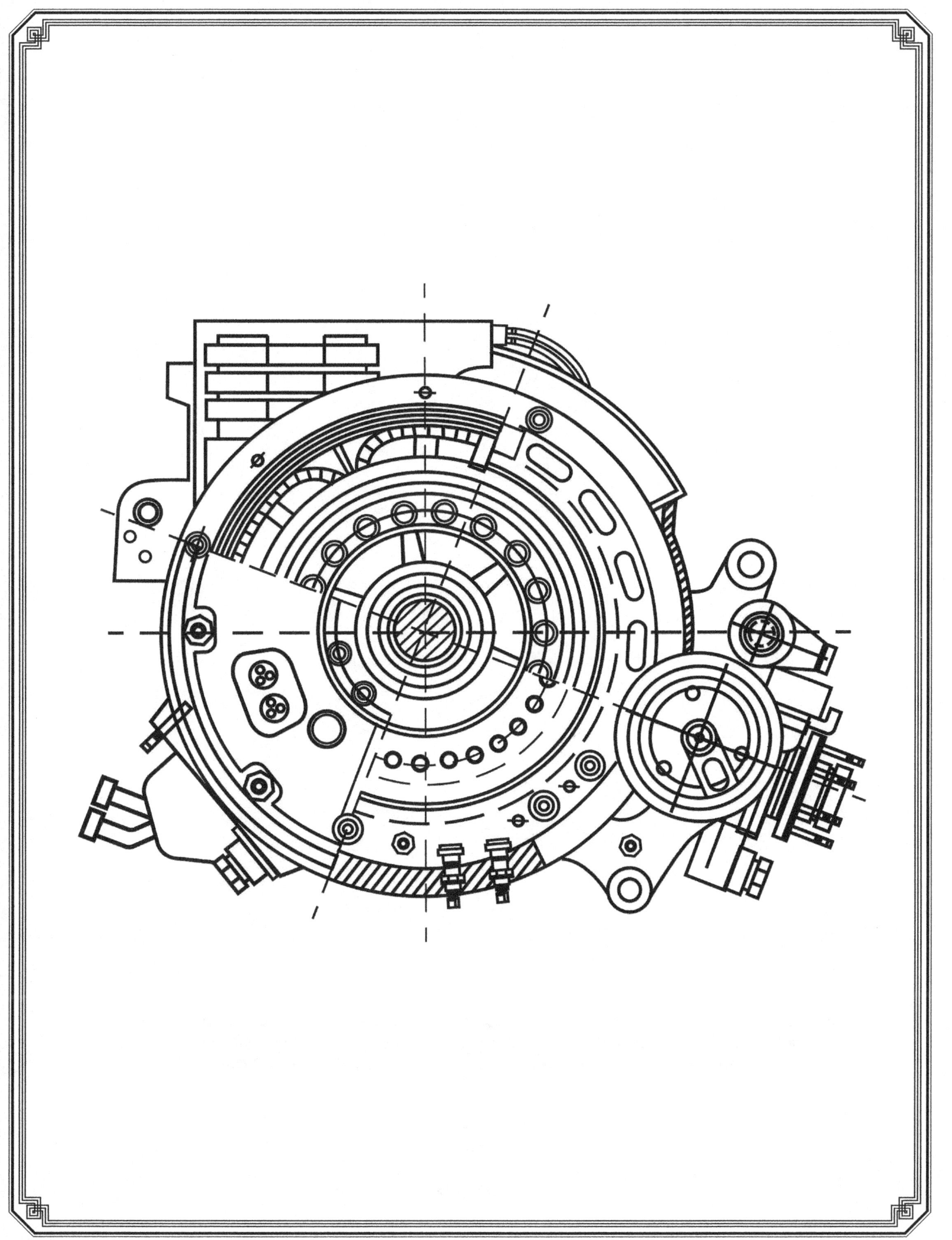

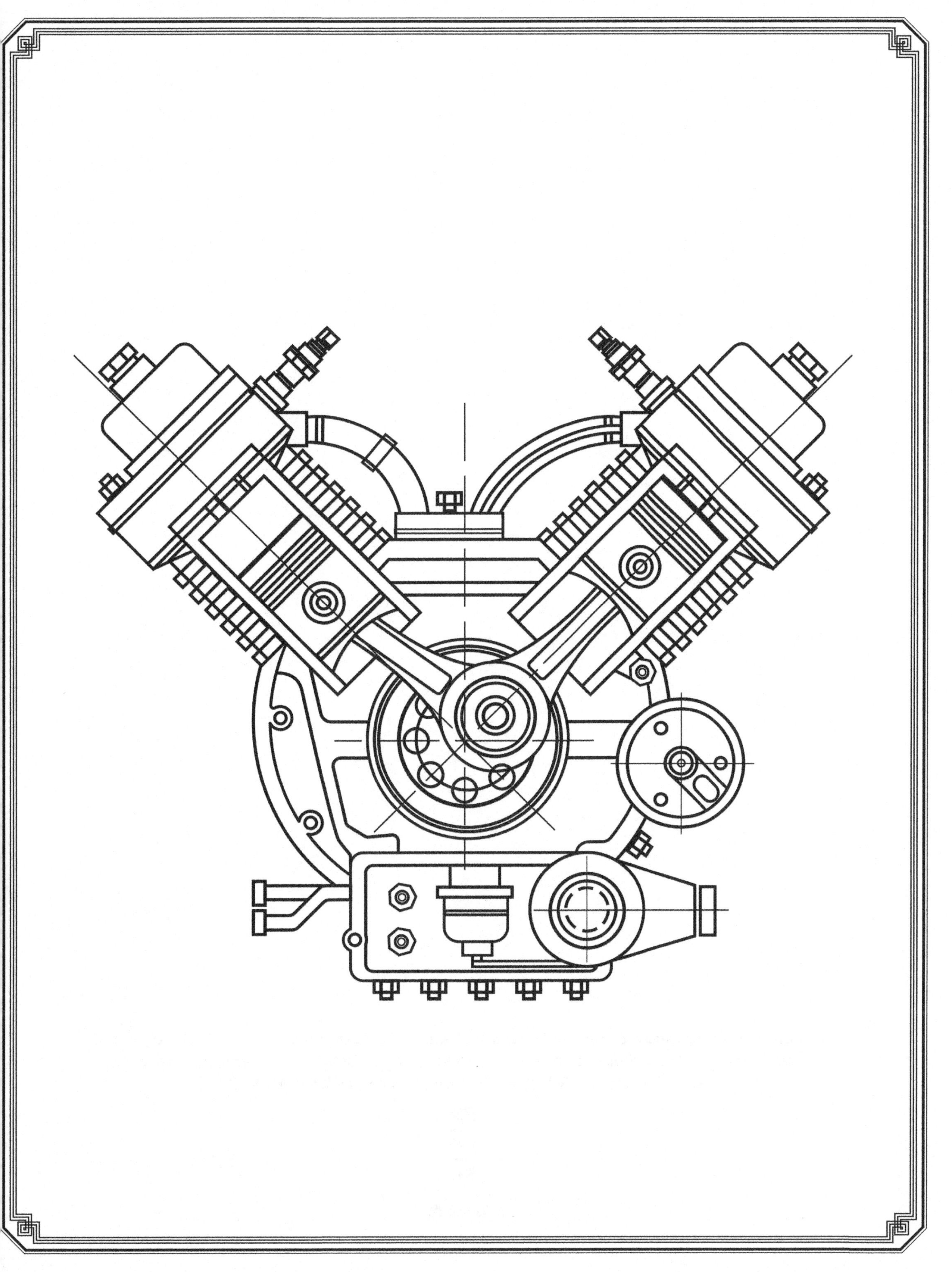

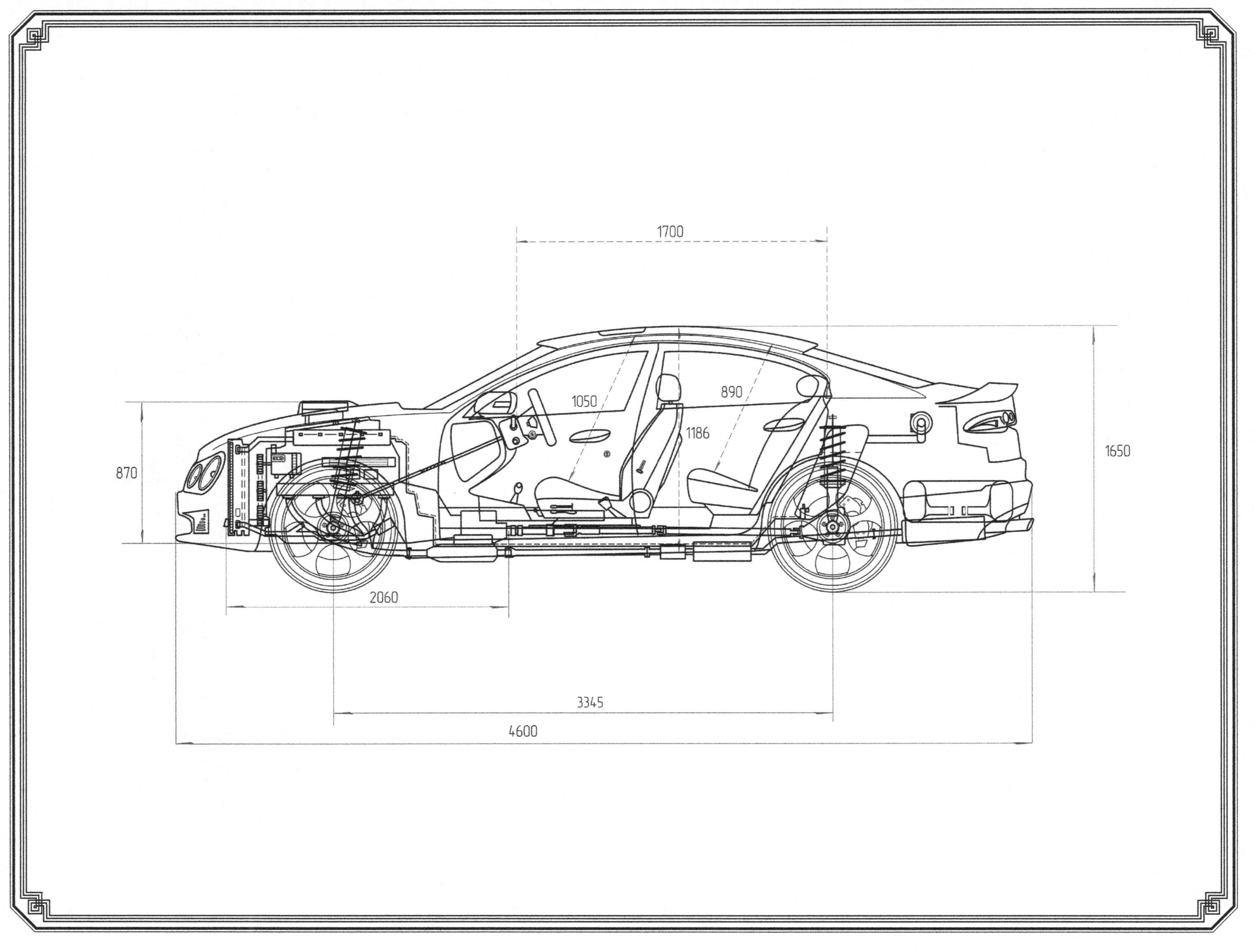

1700
1050
890
1186
1650
870
2060
3345
4600

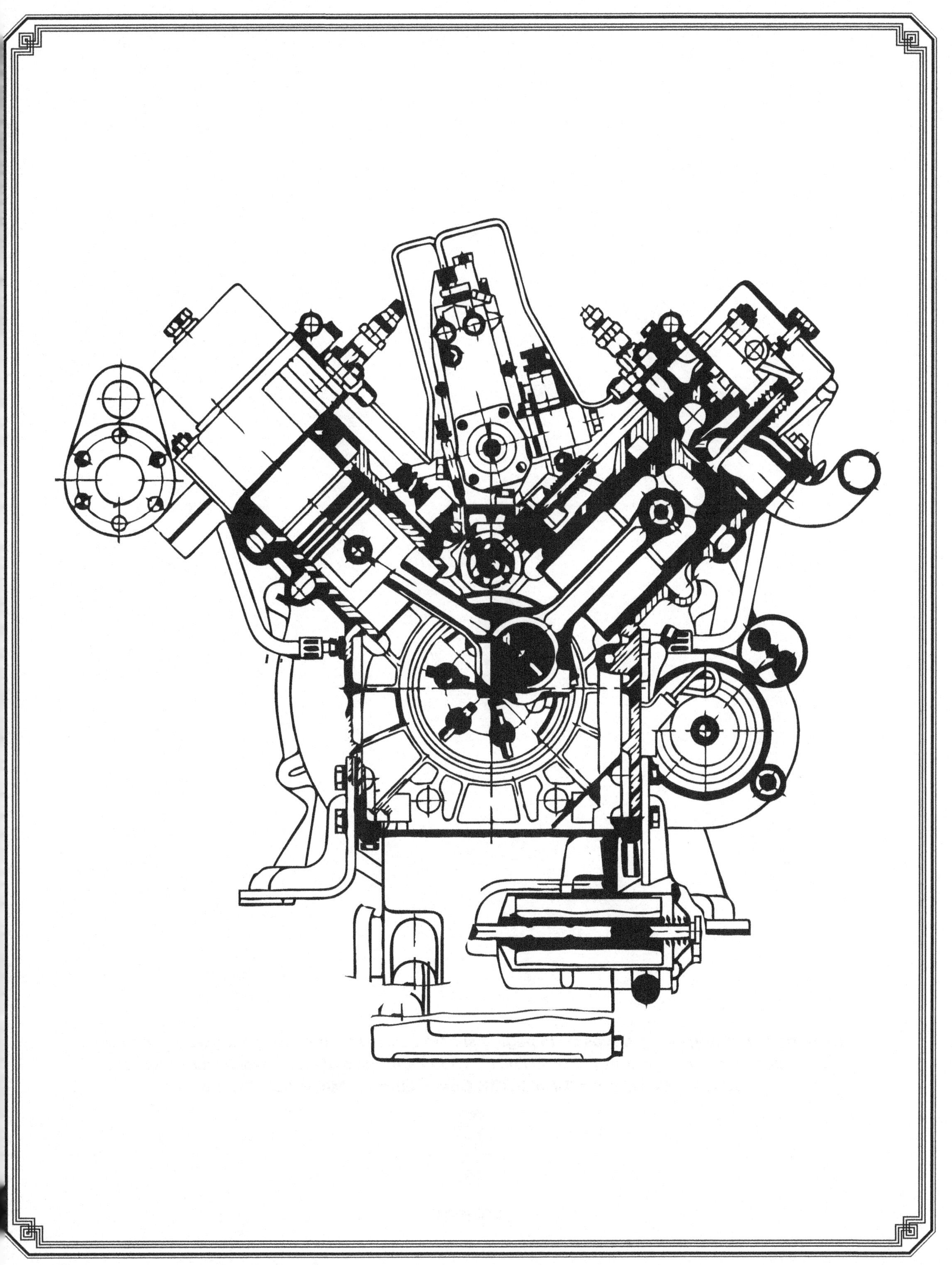

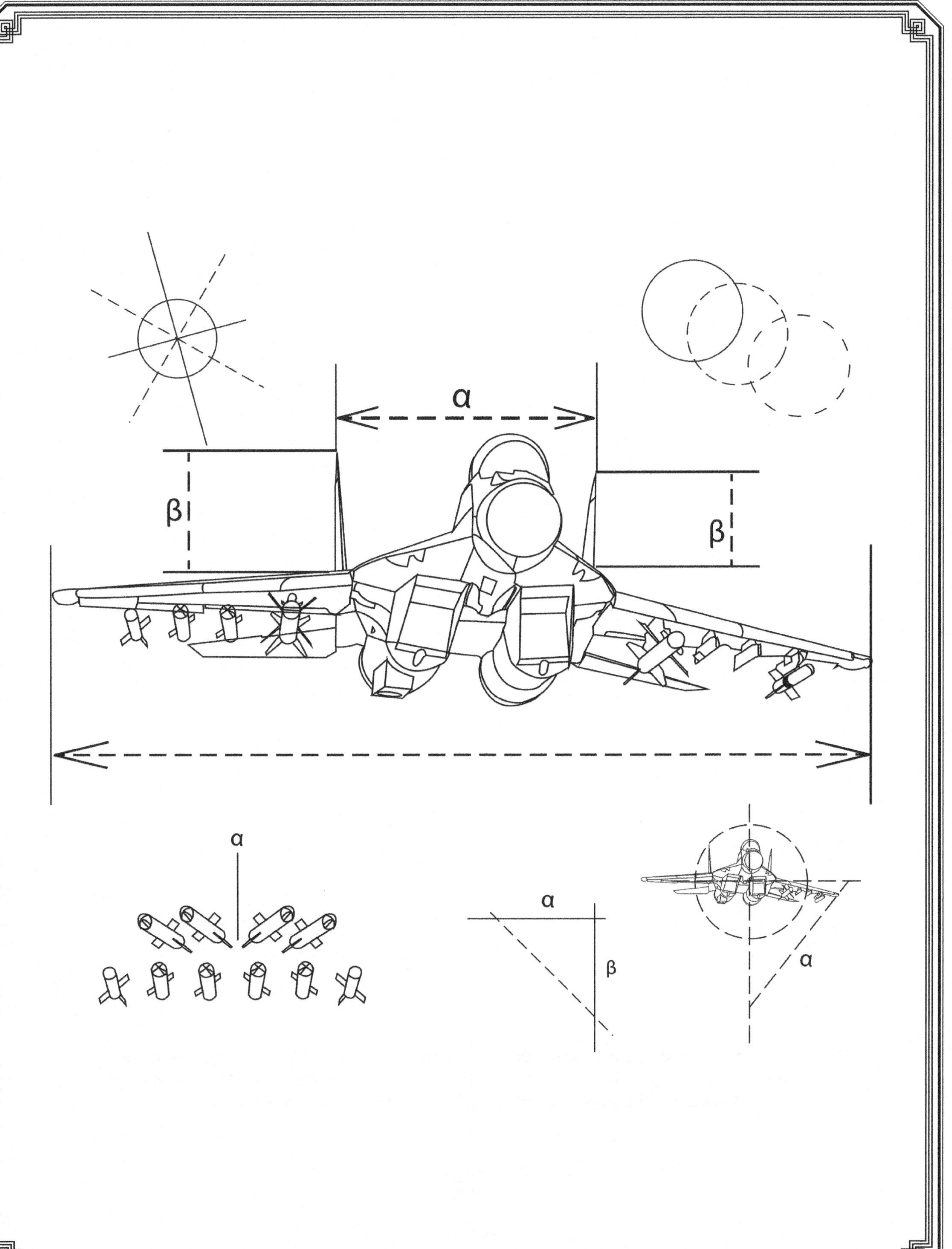

α
β
α
β
α
β
α
α

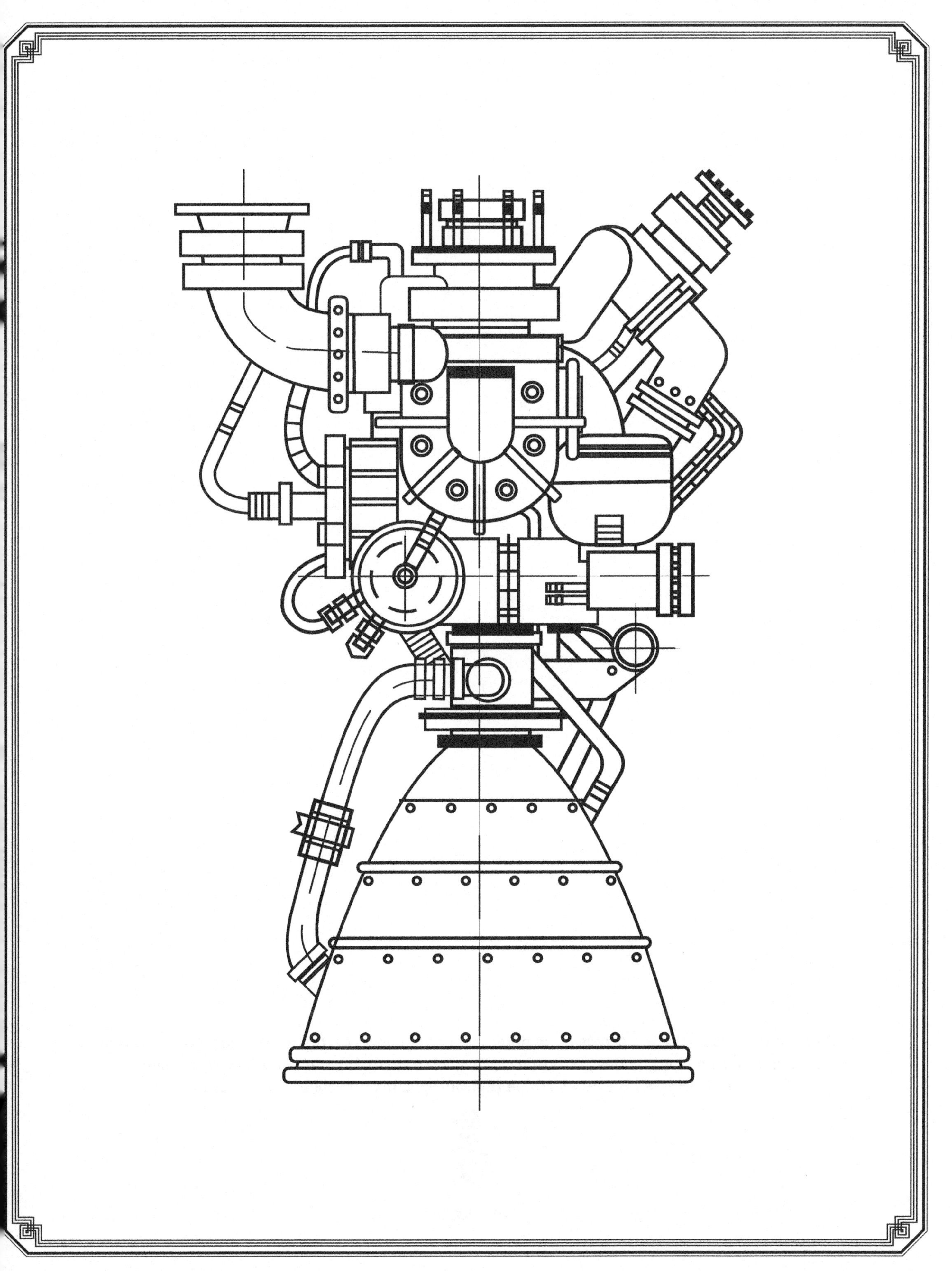

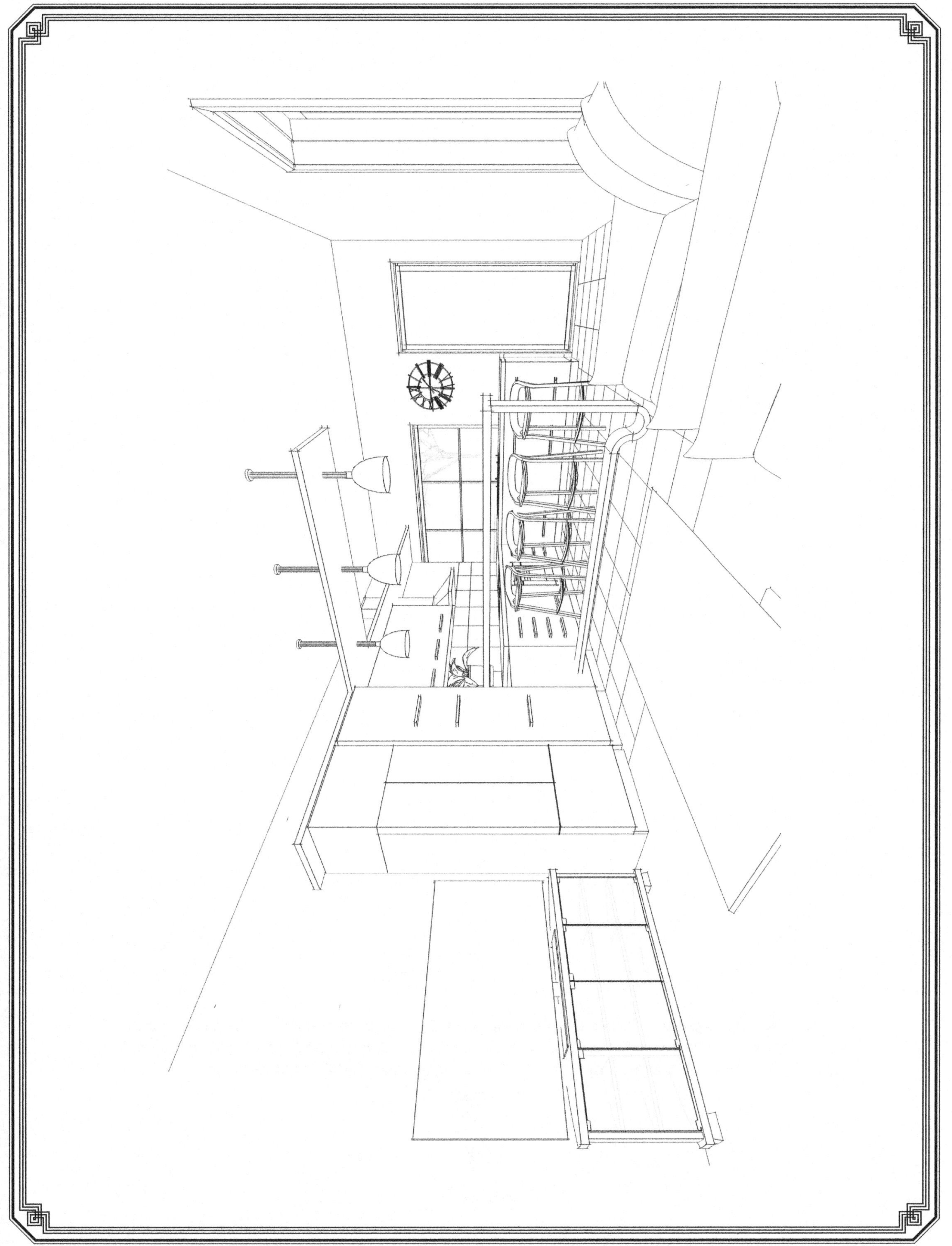

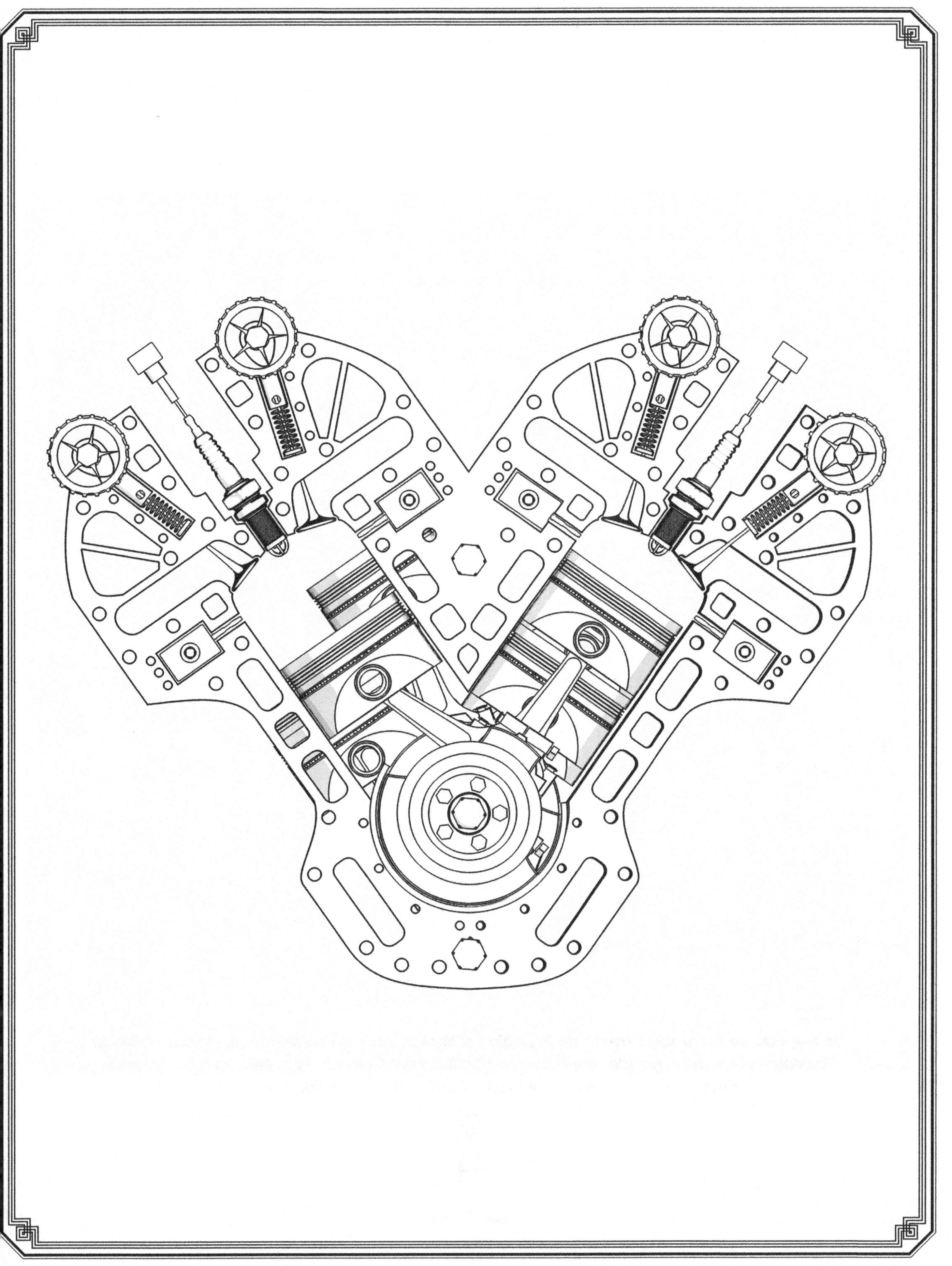

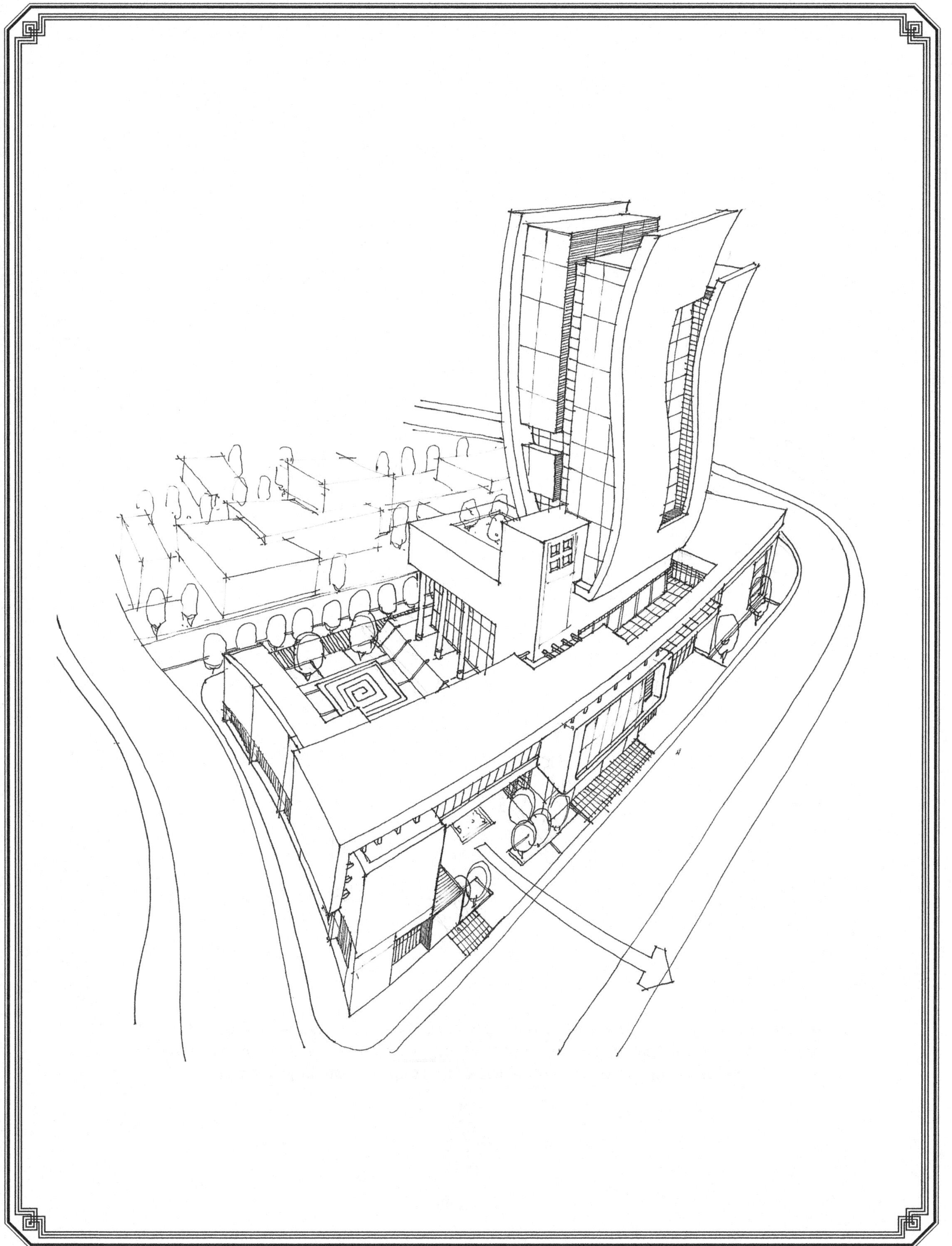

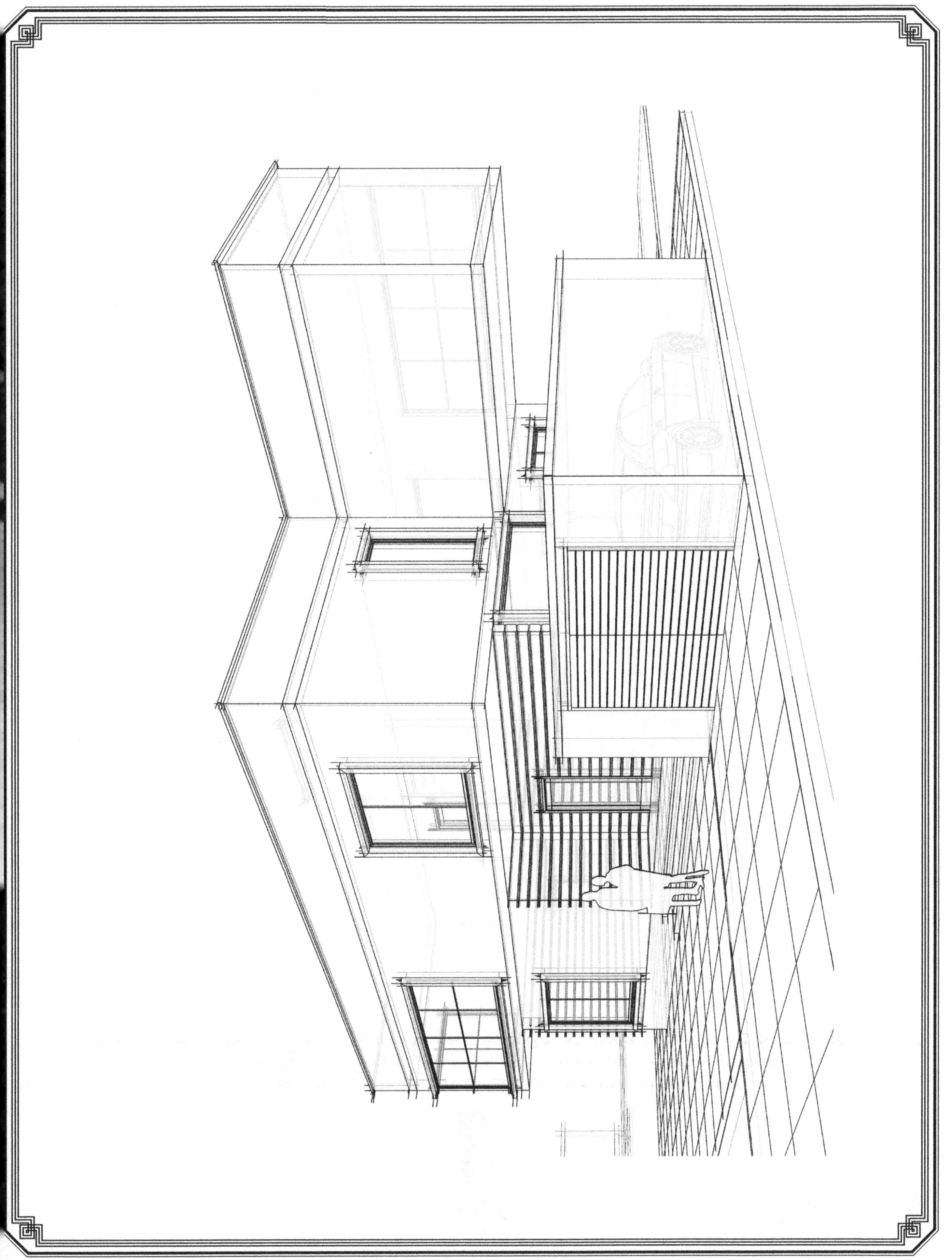

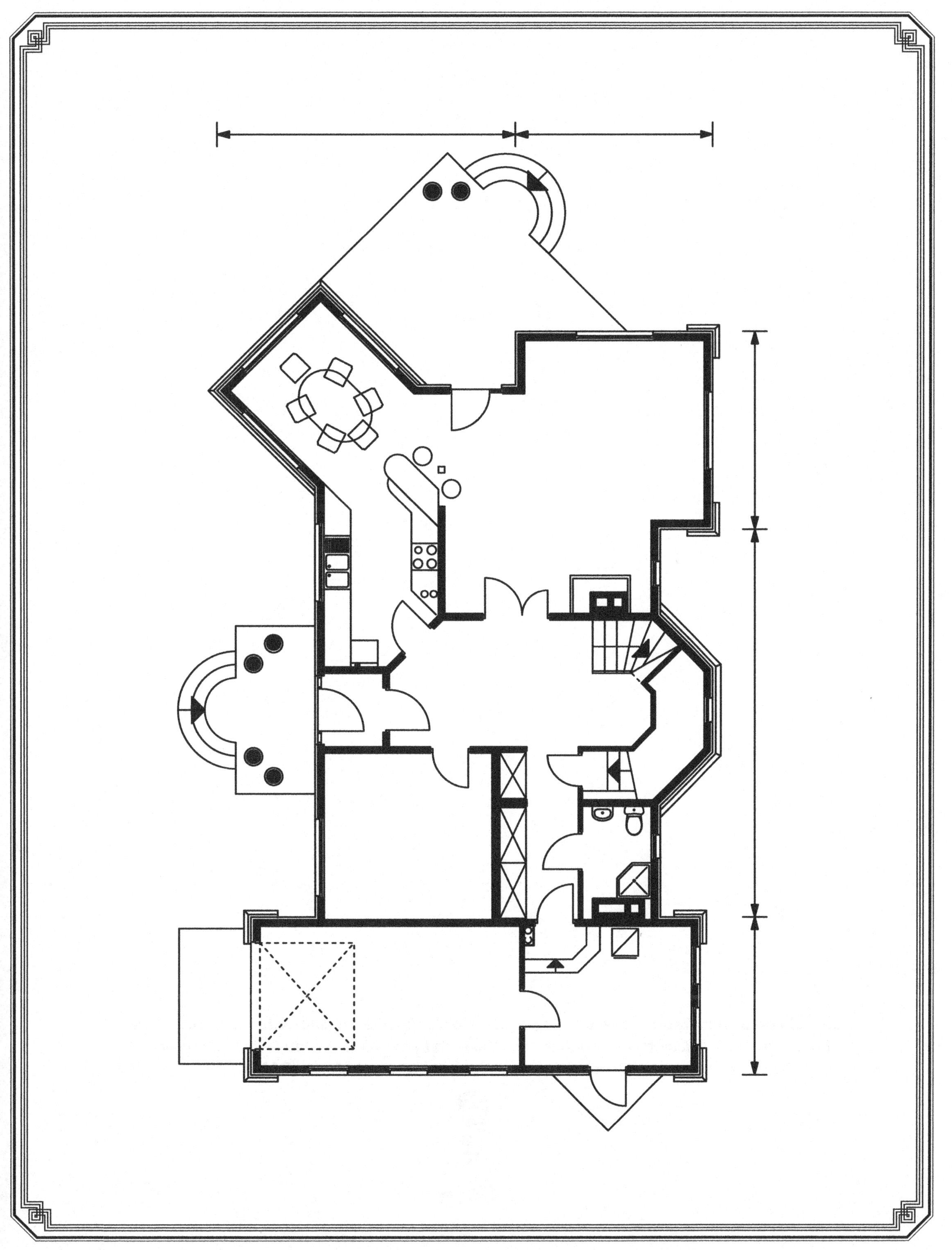

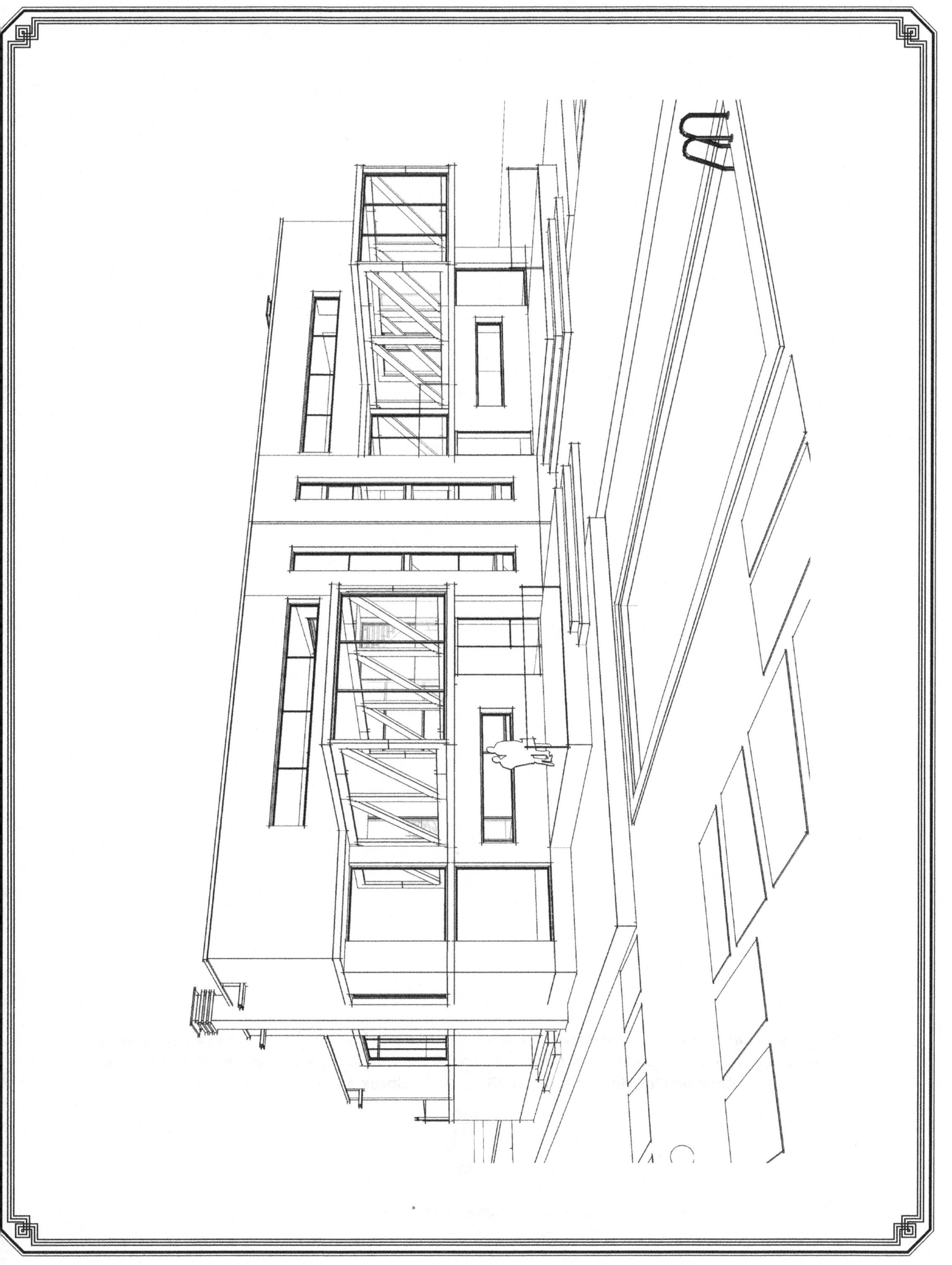

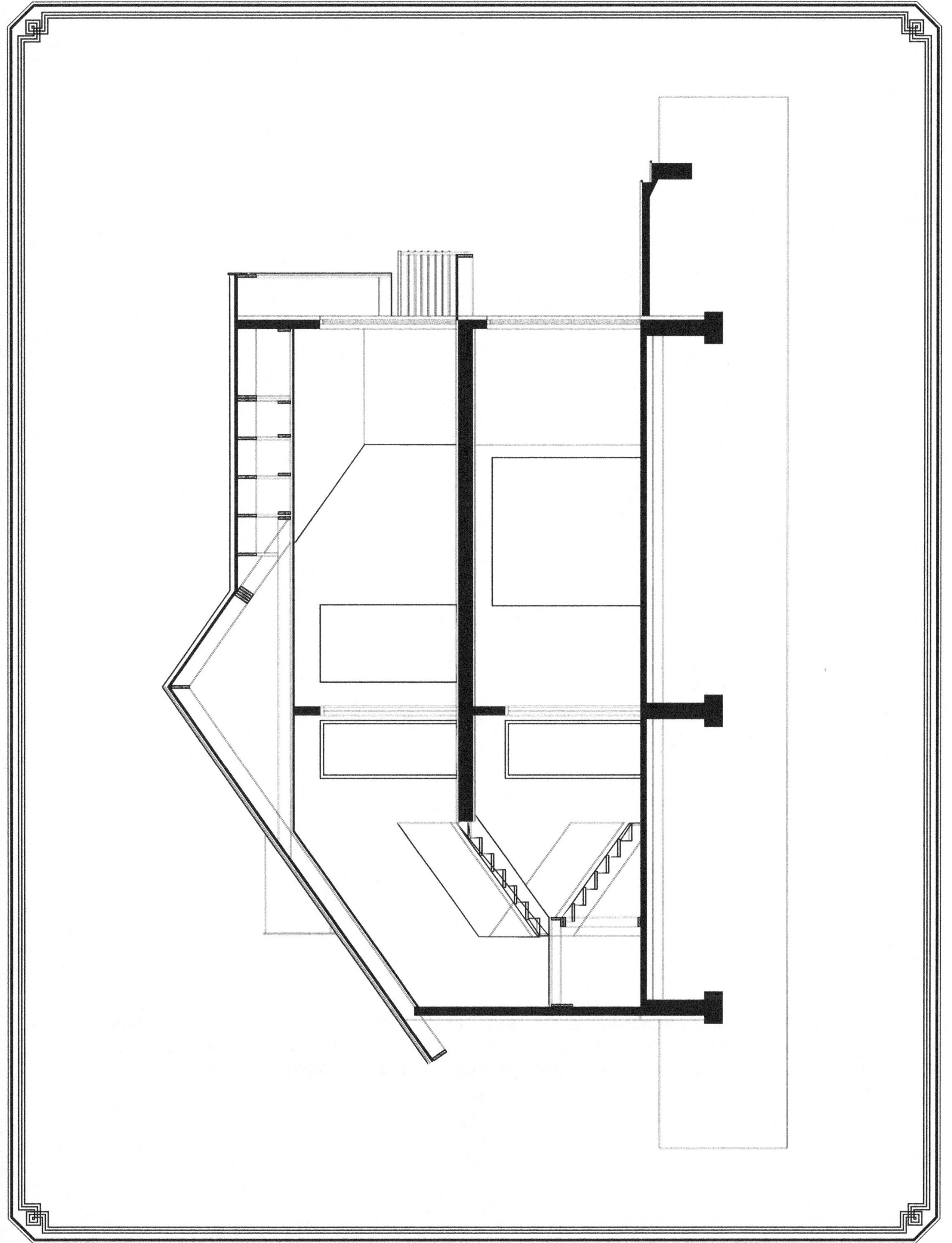

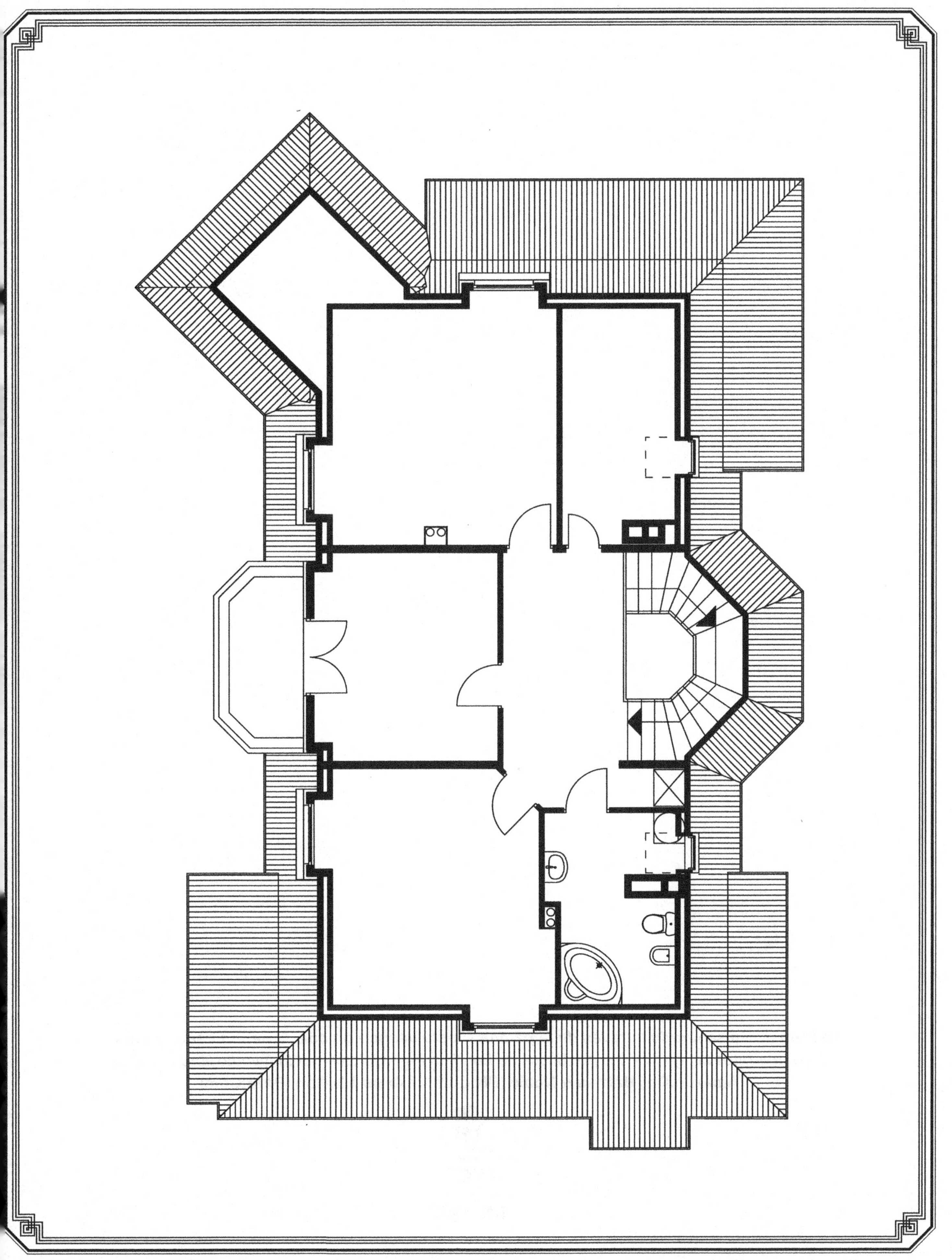

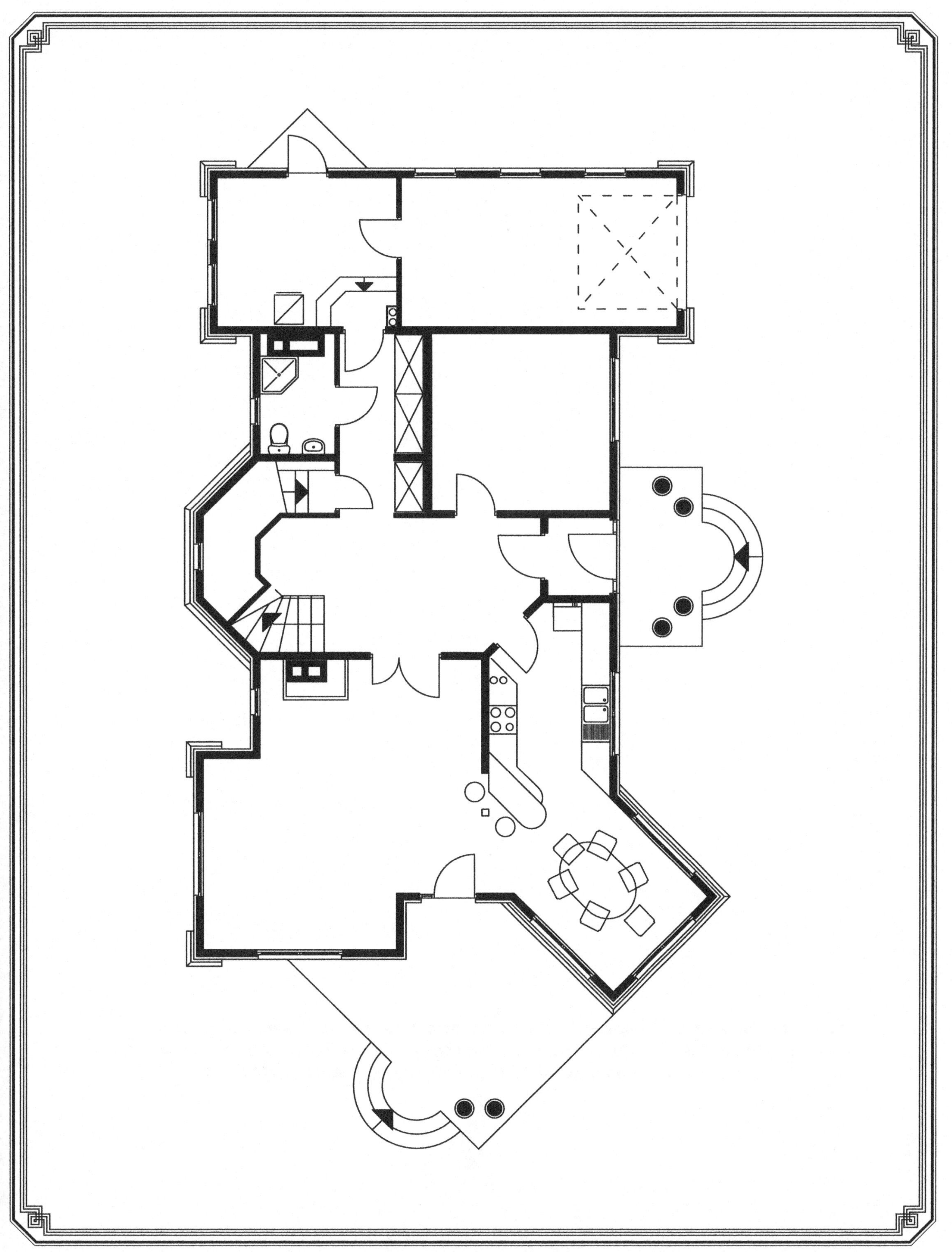

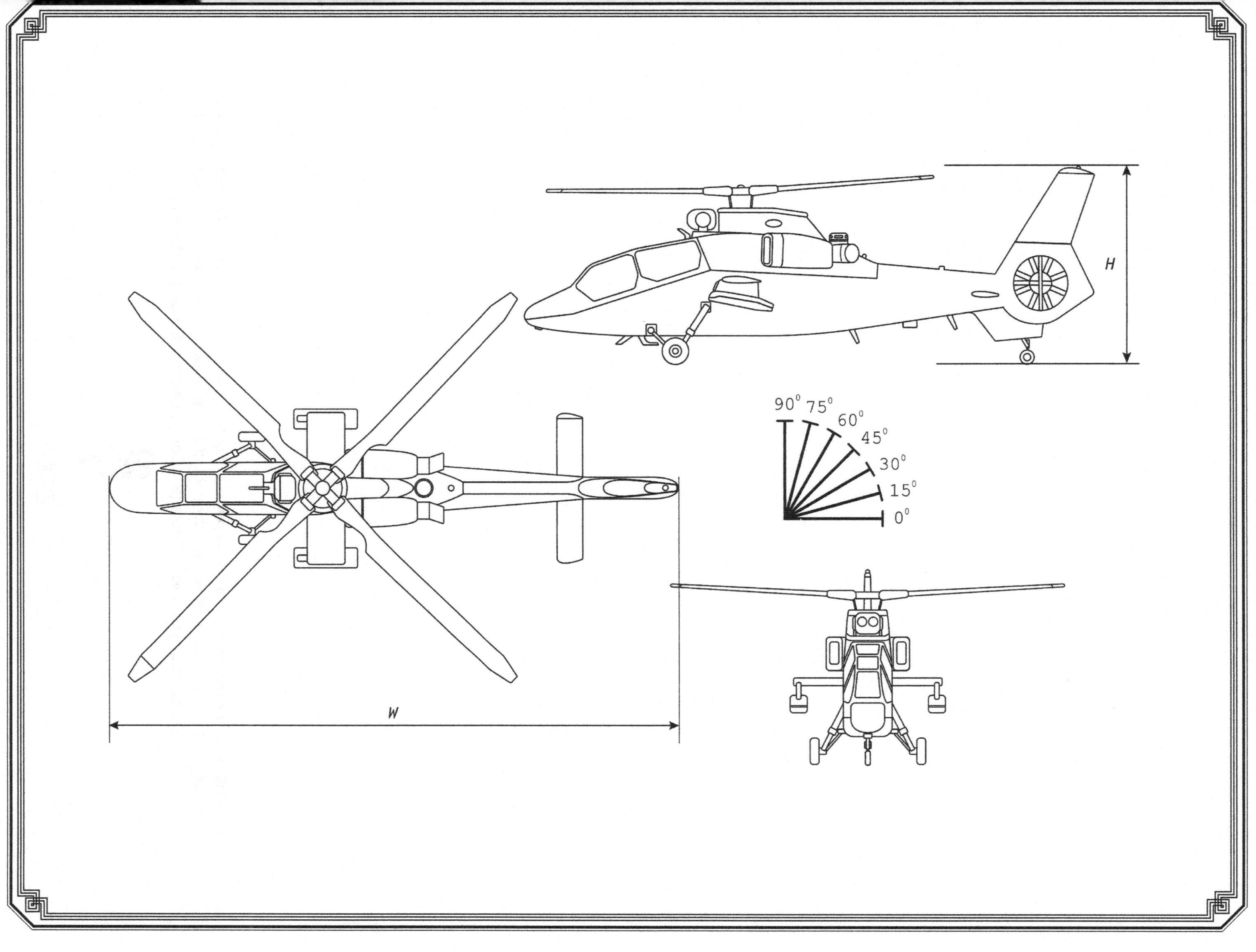

H
W
90° 75° 60° 45° 30° 15° 0°

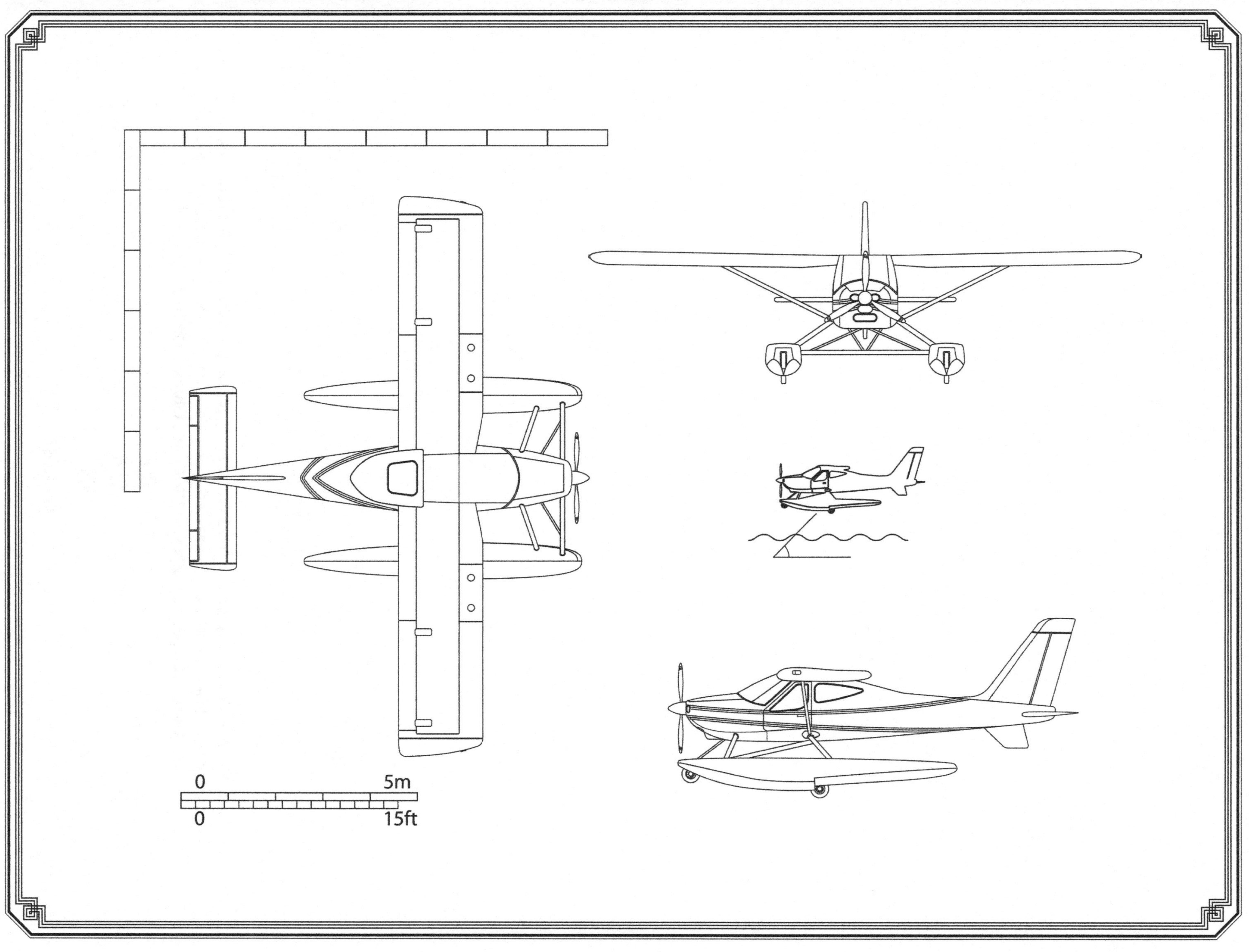
0
5m
0
15ft

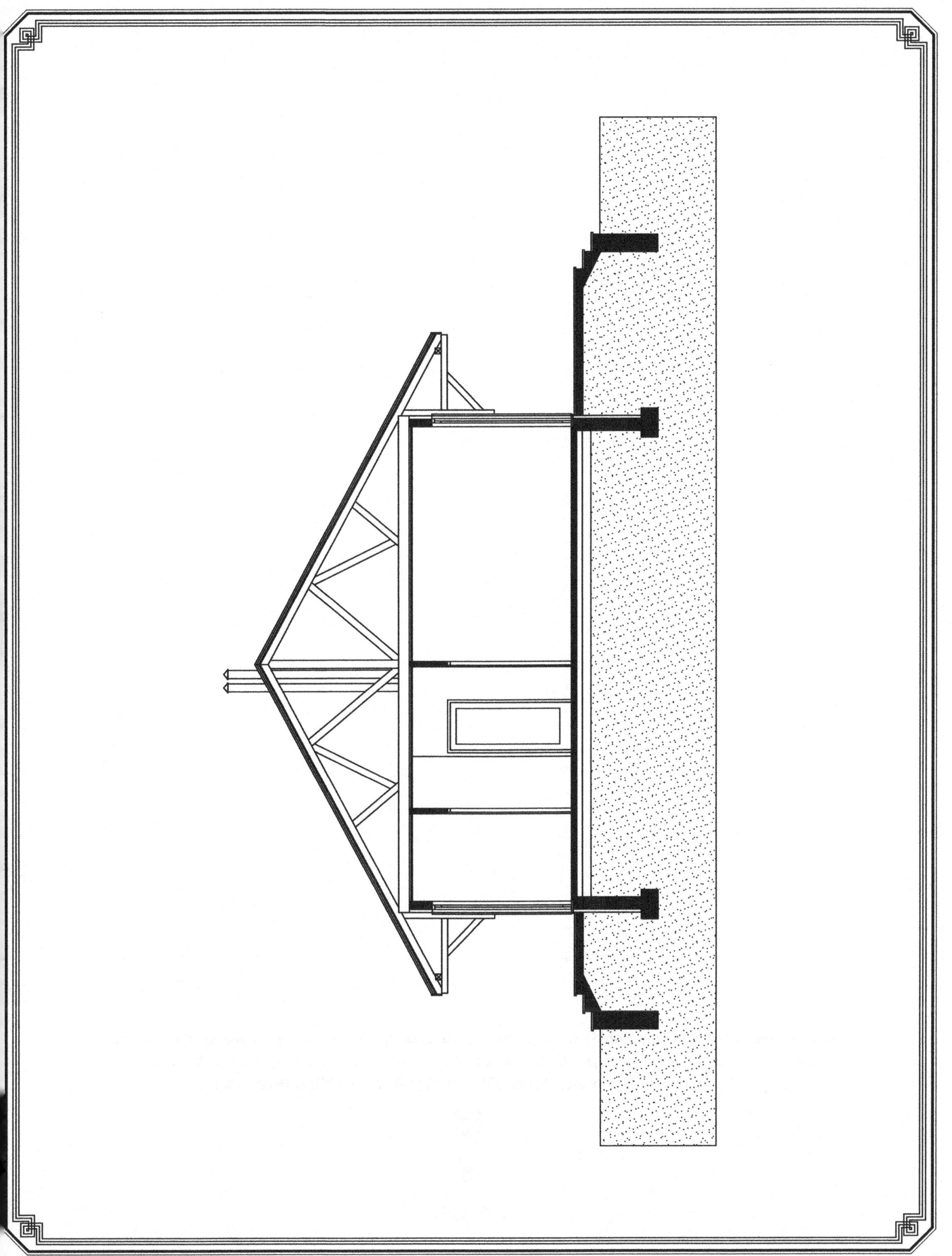

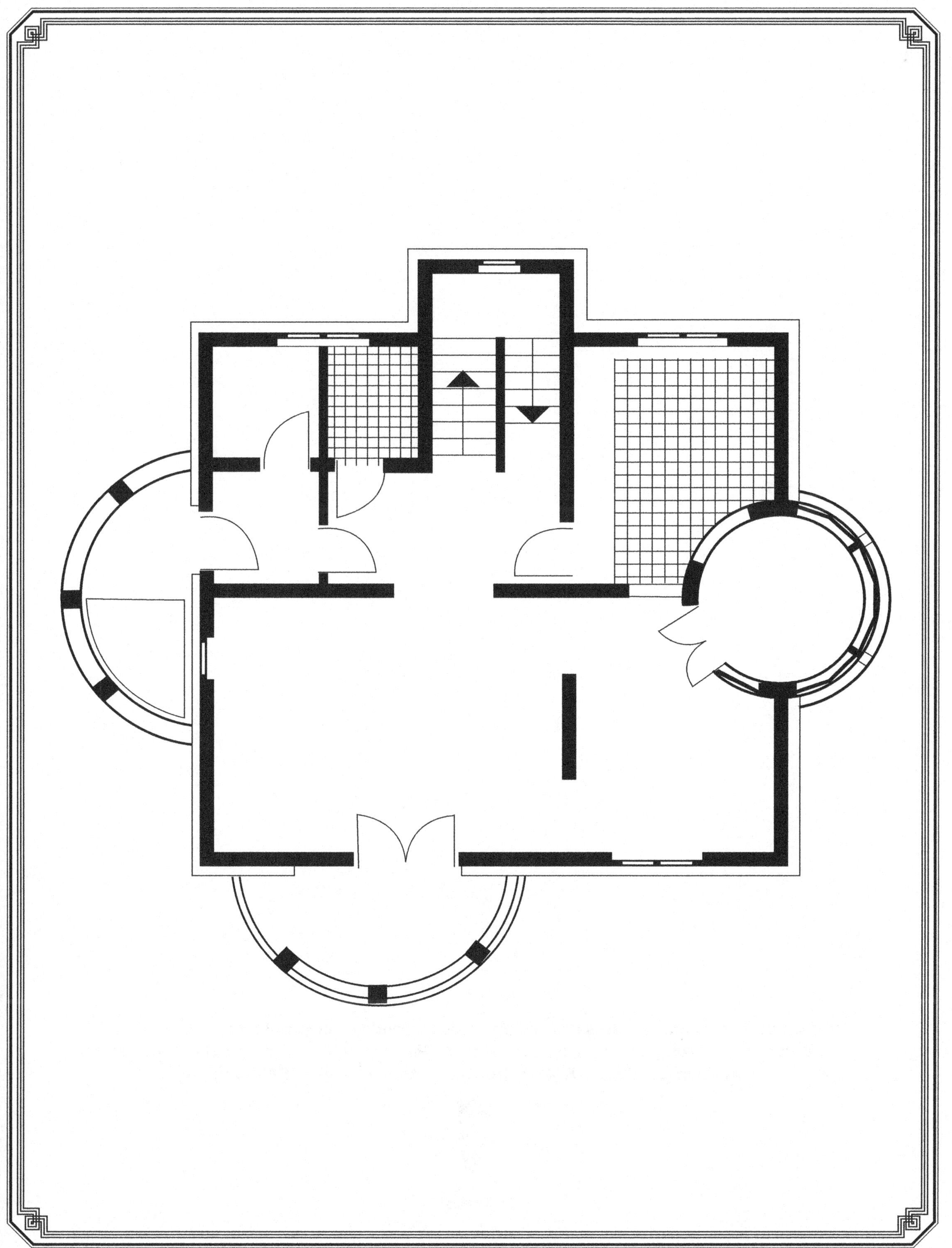

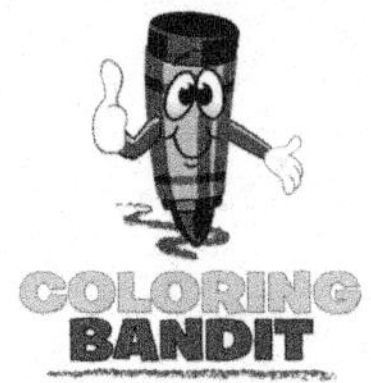

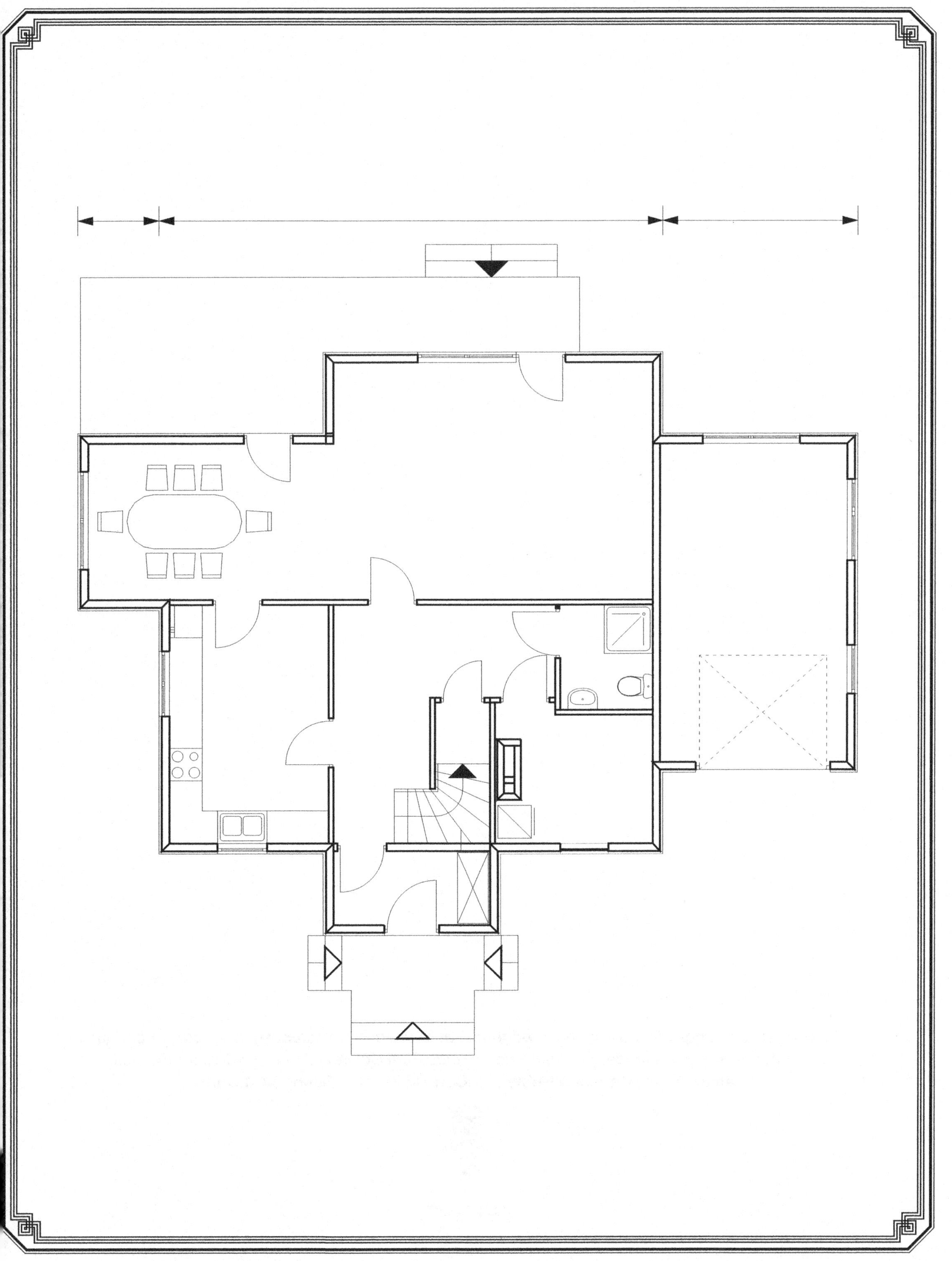

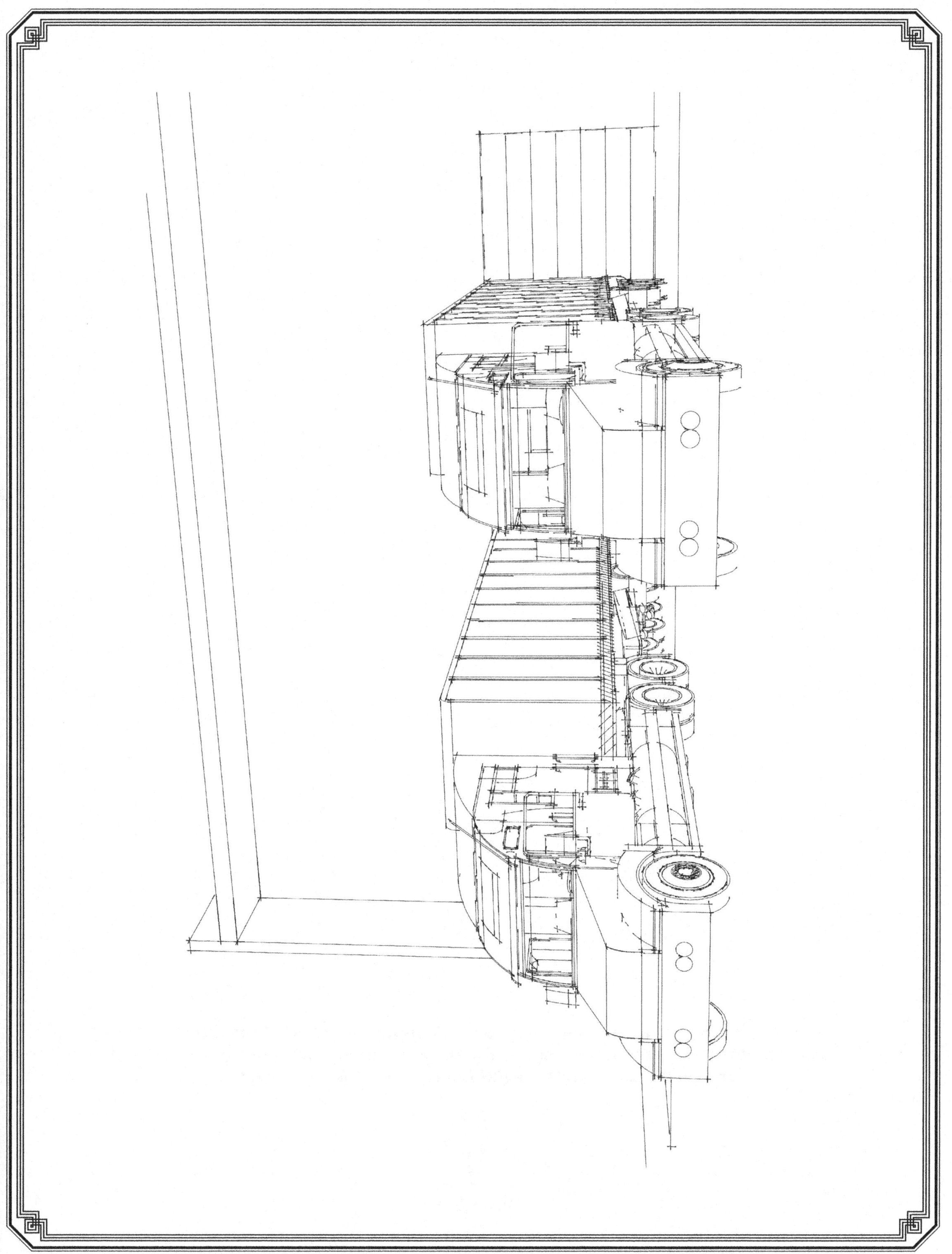

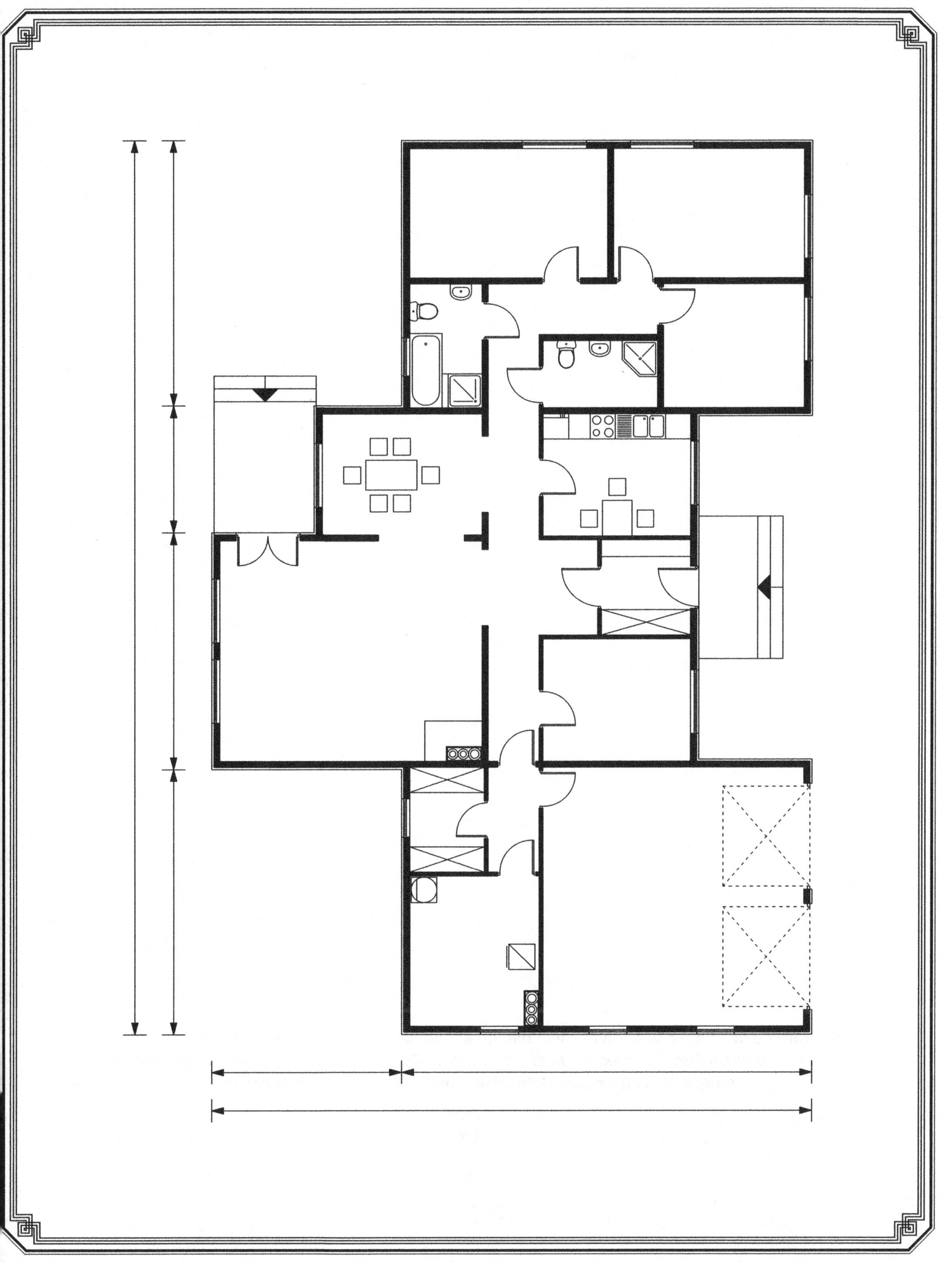

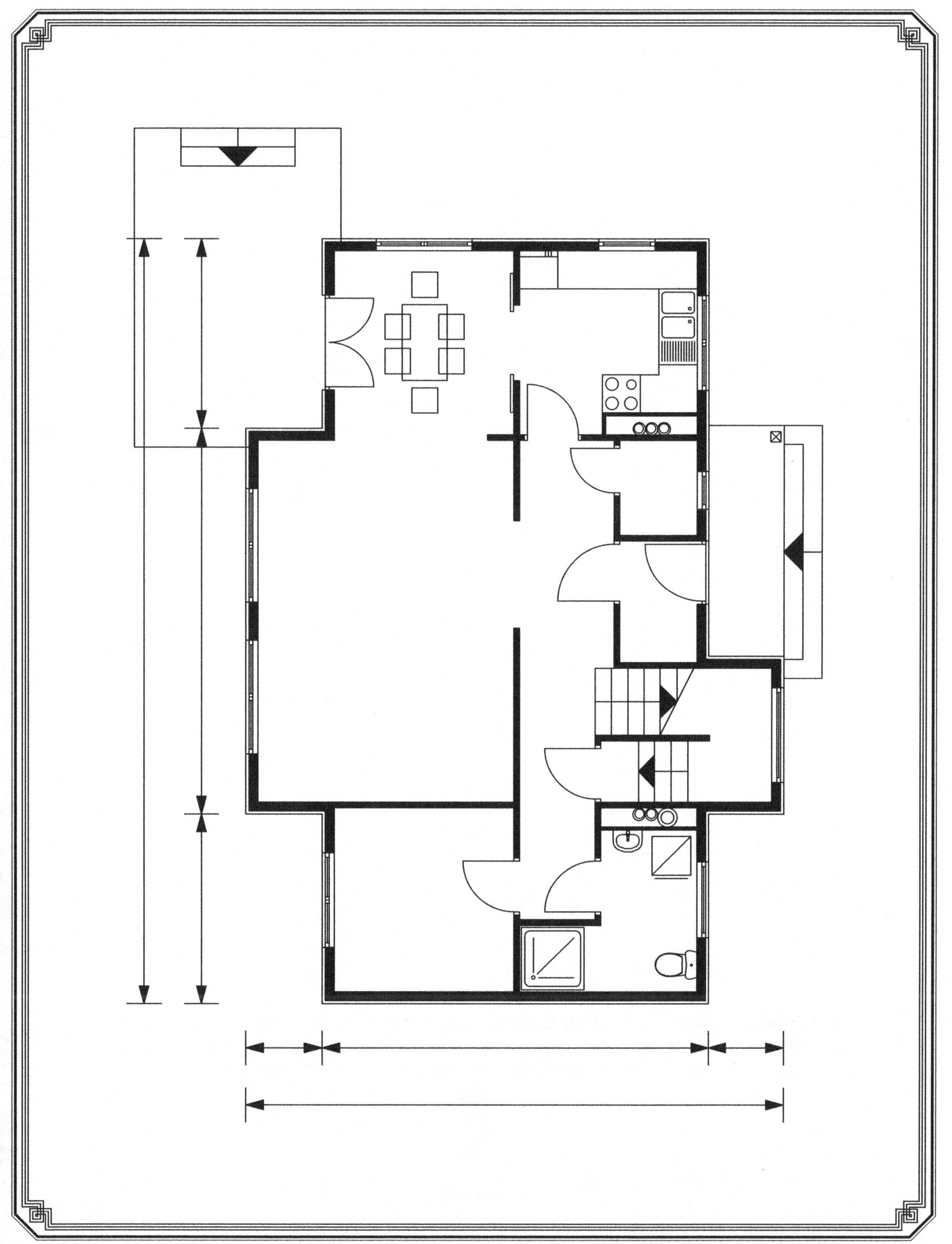

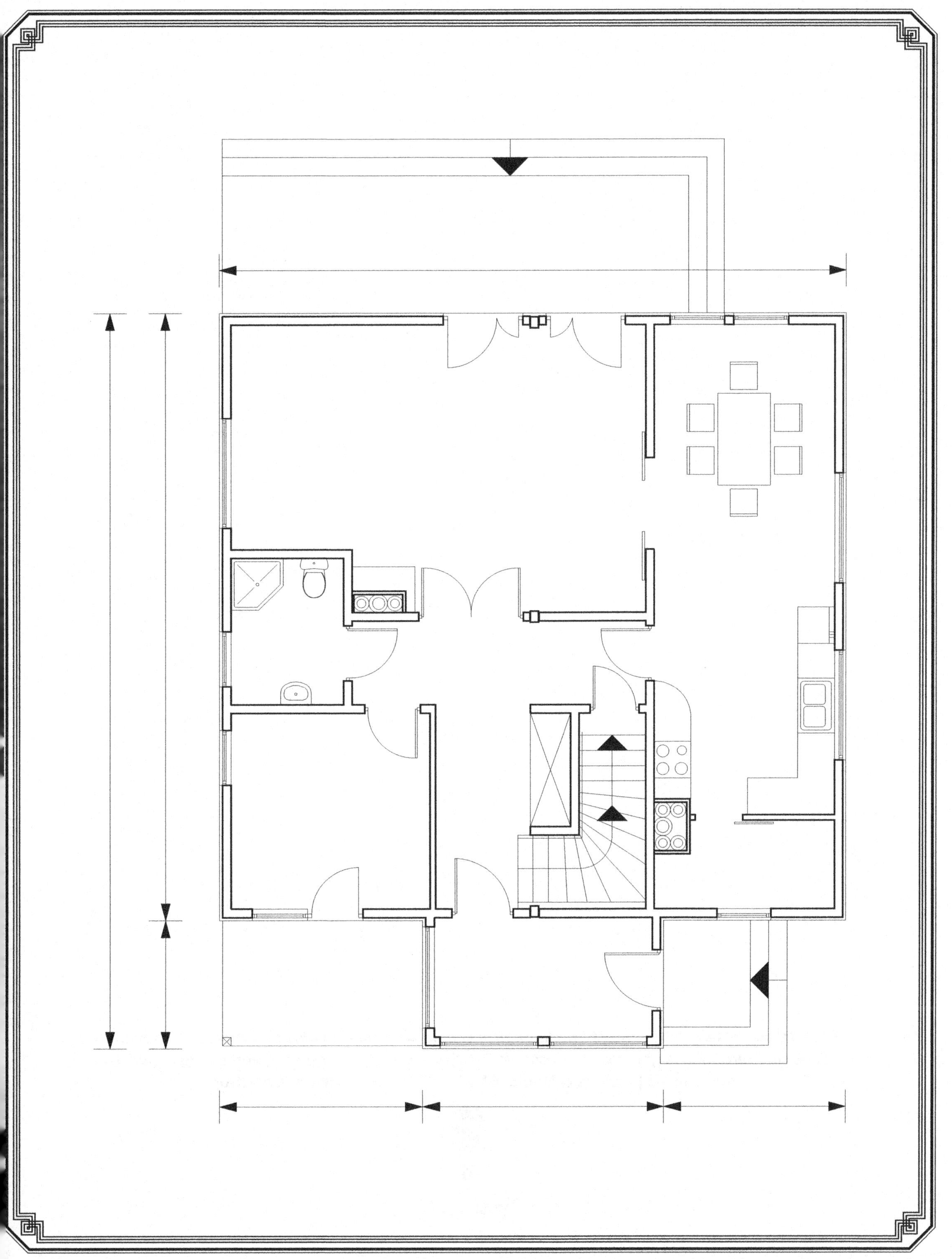

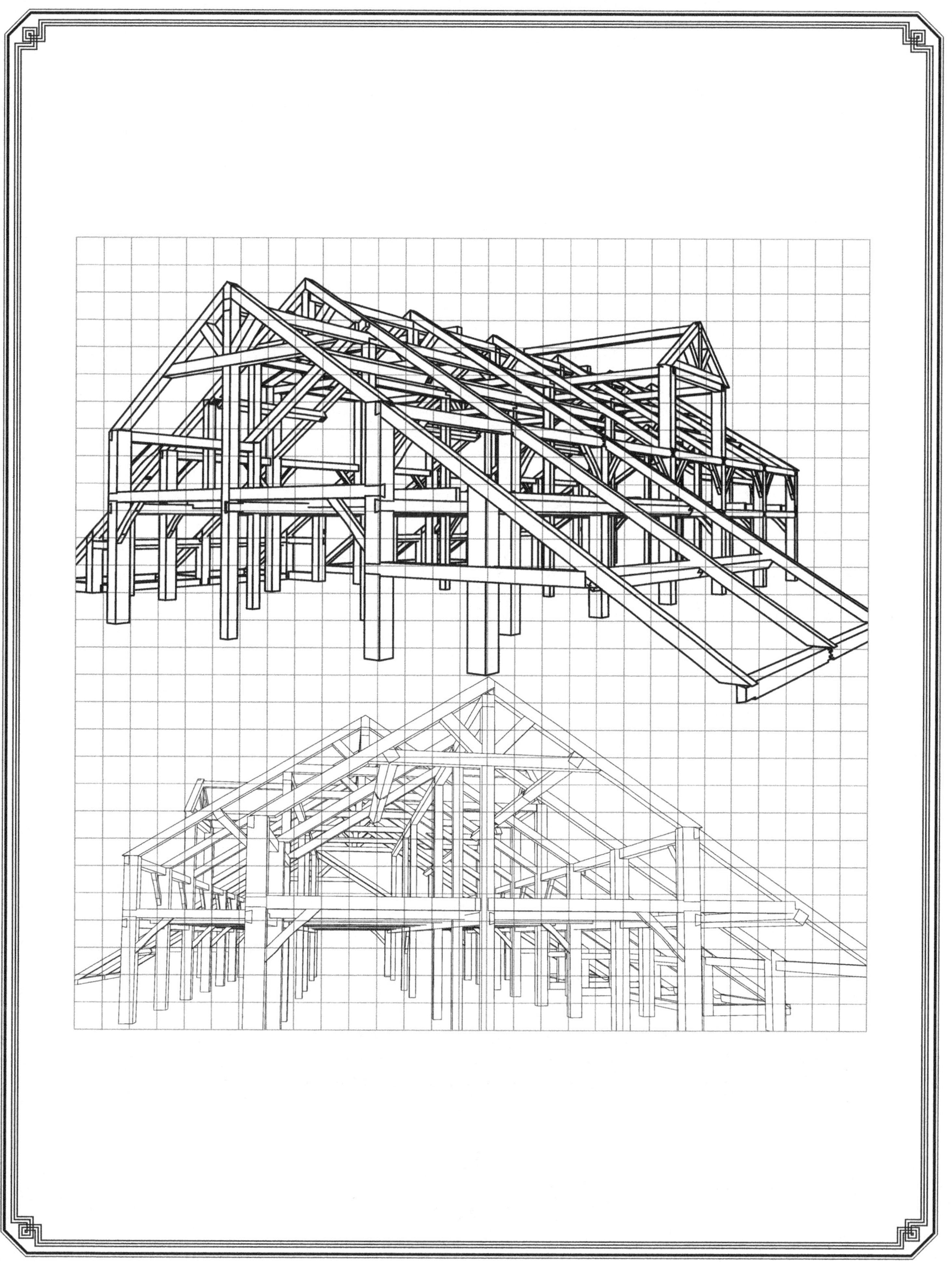

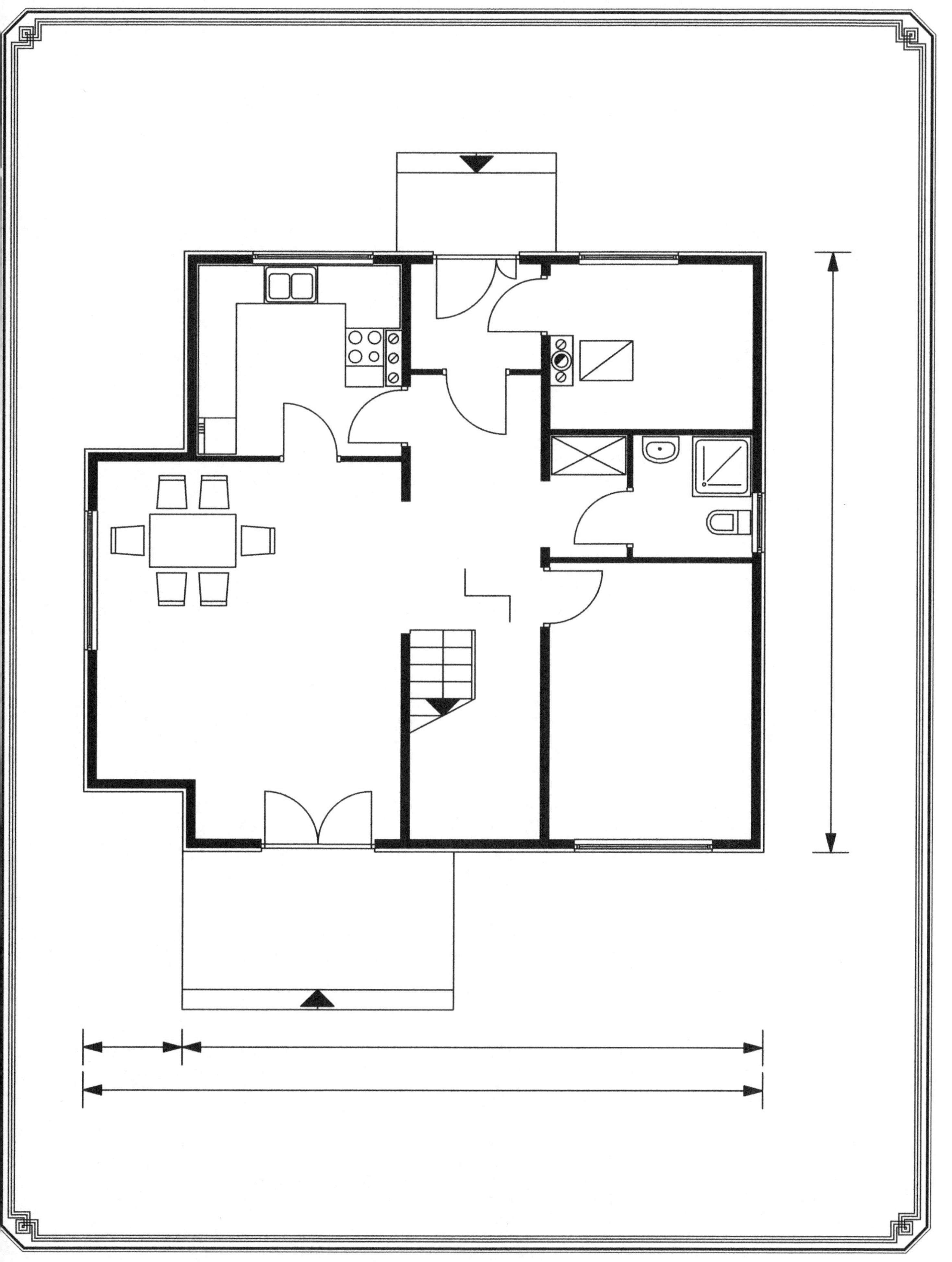

Made in the USA
Monee, IL
07 July 2026